FiNALEonline.de

FiNALEonline.de ist die digitale Ergänzung zu deinem Arbeitsbuch. Hier findest du eine Vielzahl an Angeboten, die dich zusätzlich bei deiner Prüfungsvorbereitung in Englisch unterstützen!

Das Plus für deine Prüfungsvorbereitung:

- Original-Prüfungsaufgaben mit Lösungen (bitte Code von S. 2 eingeben)
- Tipps zur Prüfungsvorbereitung, die das Lernen erleichtern
- **NEU:** Audio-Dateien zu den Hörverstehensübungen (bitte Code von S. 2 eingeben)

W0340715

Online-Grundlagentraining

Du hast noch Lücken aus den vorherigen Schuljahren? Kein Problem! Das Online-Grundlagentraining auf FiNALEonline.de hilft dir dabei, wichtigen Lernstoff nachzuarbeiten und zu wiederholen.
Und so funktioniert es:

Für das Fach Englisch stehen dir über 100 Aufgaben zu prüfungsrelevanten Grundlagen in kurzen Trainingseinheiten zur Verfügung.

Unser Tipp für Lehrerinnen und Lehrer:
Nutzen Sie unsere vielfältigen Arbeitsblätter auch für Ihren Unterricht.

Für Lehrerinnen und Lehrer:
Die Lehrerhandreichung für den optimalen Einsatz der Arbeitsbücher im Unterricht zum kostenlosen Download!

Du übst lieber auf Papier? Dann klicke auf „PDF“ und drucke dir die gewünschte Trainingseinheit einfach aus.

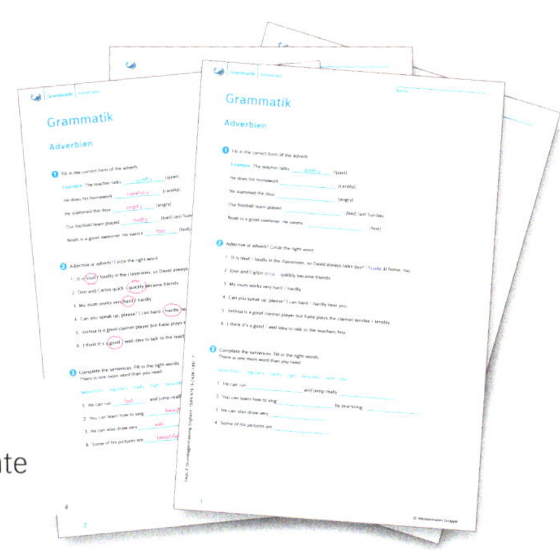

FiNALE Grundlagentraining Englisch

Das FiNALE Grundlagentraining ist die ideale Ergänzung zu diesem Arbeitsbuch. Es bietet eine große Auswahl an Materialien, mit deren Hilfe du prüfungsrelevantes Grundlagenwissen auffrischen und aktiv trainieren kannst.

Folgende Inhalte werden in diesem Band behandelt:

- umfangreiche Übungen zur Grammatik
- Hörverstehen (mit Audio-Dateien)
- Leseverstehen
- Schreiben
- Sprachmittlung (Mediation)
- Sprechen
- die wichtigsten Operatoren im Fach Englisch

Zu jeder Trainingseinheit gibt es anschauliche Lösungen.

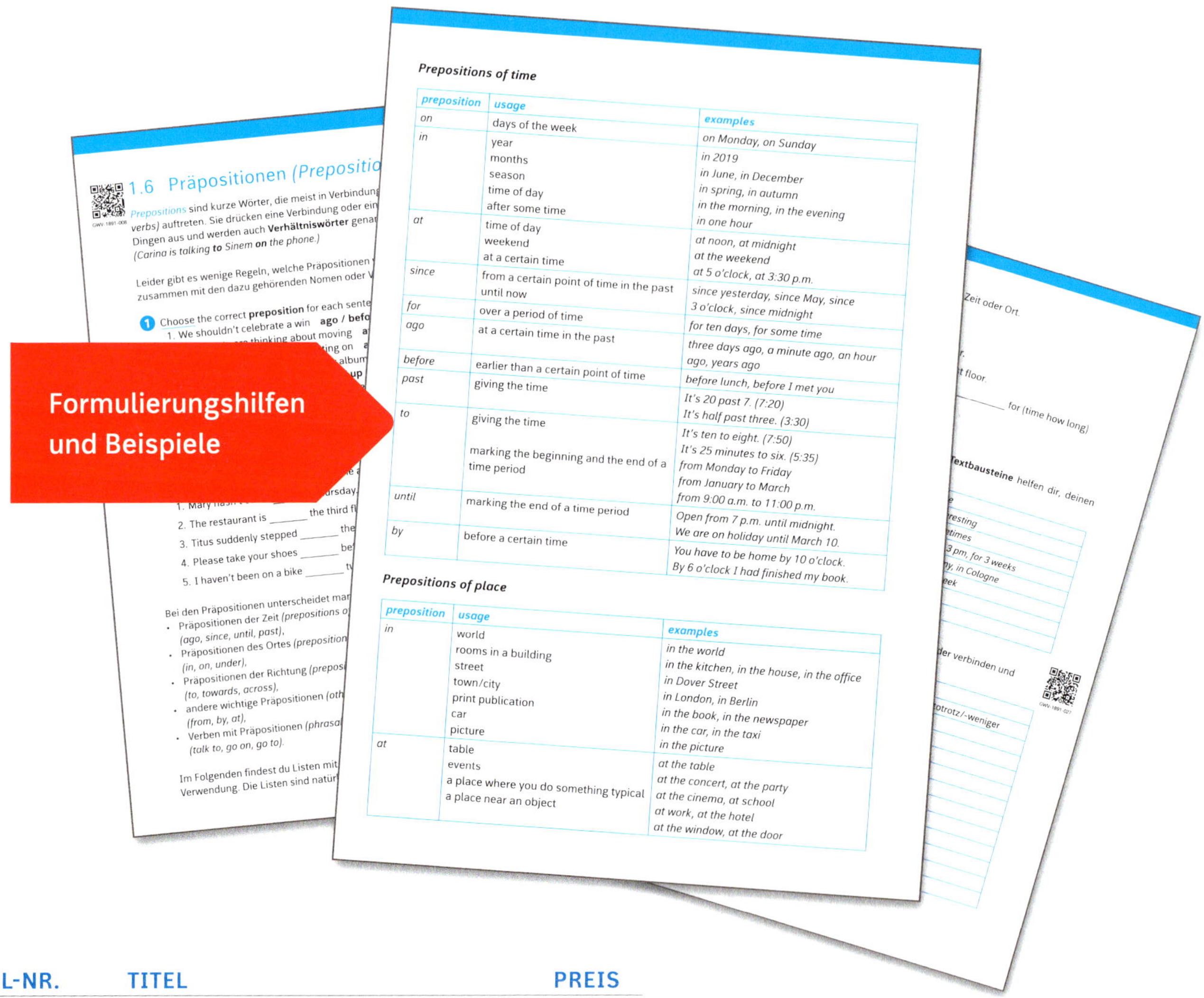

BESTELL-NR.	TITEL	PREIS
978-3-7426-1891-7	FiNALE Grundlagentraining Englisch	13,95 €

FiNALE Grundlagentraining gibt es auch für die Fächer Deutsch und Mathematik.

westermann

FiNALE Prüfungstraining

Berlin und Brandenburg

Mittlerer Schulabschluss / Erweiterte Berufsbildungsreife 2022

Englisch

Elke Dreyer
Katrin Frost

FiNALEonline.de

Liebe Schülerin, lieber Schüler,

sobald die Original-Prüfungsaufgaben zur Veröffentlichung freigegeben sind, können sie unter www.finaleonline.de zusammen mit ausführlichen Lösungen kostenlos heruntergeladen werden. Gib dazu einfach diesen Code ein:

EN4v9Mn

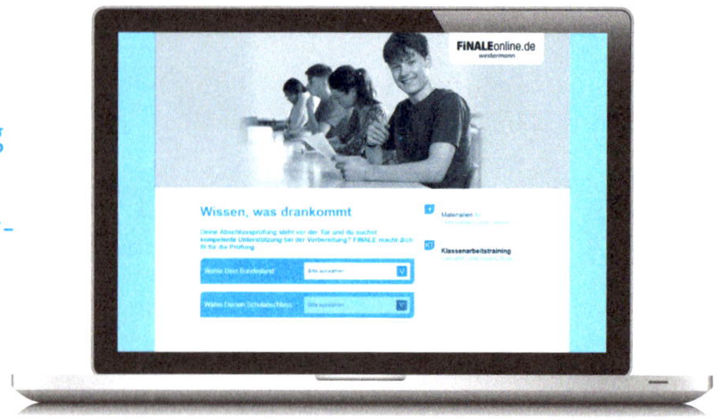

Einfach mal reinschauen: www.finaleonline.de

westermann GRUPPE

Druck A[1] / Jahr 2021
Alle Drucke der Serie A sind im Unterricht parallel verwendbar.

Redaktion: lüra – Klemt & Mues GbR, Wuppertal
Kontakt: finale@westermanngruppe.de
Layout: Druckreif! Sandra Grünberg, Braunschweig
Umschlaggestaltung: Gingco.Net, Braunschweig
Umschlagfoto: Peter Wirtz, Dormagen
Druck und Bindung: westermann druck GmbH, Braunschweig

ISBN 978-3-7426-**2287**-7

Was erwartet dich in diesem Buch?

In einigen Wochen oder Monaten wirst du in Berlin die Abschlussprüfung im Fach Englisch ablegen. In Brandenburg werden nur die Prüfungsteile Hörverstehen und Leseverstehen zentral gestellt. Um dir die Aufregung vor diesen bevorstehenden schriftlichen und mündlichen Tests zu nehmen und dich mit den Prüfungsanforderungen und Aufgabenformaten vertraut zu machen, haben wir Beispielaufgaben und Tipps zur gezielten Vorbereitung zusammengestellt. Alle Beispielprüfungen orientieren sich inhaltlich und sprachlich an den Berliner Originalprüfungen der letzten Jahre. Wenn du dieses Buch also schrittweise durcharbeitest, Tipps und Tricks verinnerlichst und erfolgreich anwendest, wirst du den Abschlussprüfungen ruhig und entspannt entgegensehen.

Teil A widmet sich der *schriftlichen* Abschlussprüfung. In diesem Abschnitt erhältst du vorbereitende Informationen

1. zum organisatorischen Ablauf und den einzelnen Prüfungsteilen sowie
2. zu den Aufgabenformaten der Prüfungsschwerpunkte Hören, Lesen, Schreiben und Mediation (Berlin) beziehungsweise für die Überprüfung des Hörverstehens und Leseverstehens (Brandenburg).

In kleinen Schritten wirst du an die Aufgabentypen herangeführt und durch Lösungshilfen und geeignete Strategien bei der erfolgreichen Bewältigung der Tests gezielt unterstützt.
Im zweiten Teilabschnitt findest du drei *angeleitete* Prüfungsbeispiele, die von den Aufgabenstellungen und dem Schwierigkeitsgrad Originalprüfungen entsprechen. Hier kannst du deine Kenntnisse in aller Ruhe und ohne Stress überprüfen. Zu deiner Unterstützung findest du Lösungshilfen und Tipps, die dir die spätere selbstständige Vorgehensweise erleichtern. Der vierte Test ist die Originalprüfung Berlin aus dem Jahr 2020. Die Originalprüfung für das Jahr 2021 bekommst du im Internet, sobald sie geschrieben und zur Veröffentlichung freigegeben ist. Sie ist dann zu finden unter www.finaleonline.de und kann mit diesem Code heruntergeladen werden: EN4v9Mn

Hast du noch Lücken aus den vorherigen Schuljahren? Dann empfehlen wir dir das FiNALE Grundlagentraining Englisch (ISBN 978-3-7426-1891-7). Es bietet prüfungsrelevantes Grundlagenwissen zum Nachschlagen und Üben. Ergänzend dazu findest du unter www.finaleonline.de/grundlagentraining ein kostenloses Online-Training bestehend aus interaktiven Übungsaufgaben und Arbeitsblättern zum Ausdrucken.

In Teil B erhältst du Informationen zur *mündlichen* Prüfung. Auch hier widmet sich der erste Abschnitt

1. dem organisatorischen Ablauf und
2. den Prüfungsthemen bzw. -formaten.

Darüber hinaus haben wir dir auch hier eine Sammlung von Strategien und Hilfen zur effektiven Prüfungsvorbereitung zusammengestellt. Du findest zahlreiche Redewendungen sowie Tipps und Tricks, die dir helfen, im mündlichen Prüfungsgespräch erfolgreich zu bestehen.
Dem Buch beigelegt wird natürlich ein Lösungsheft.

Alle Übungen, zu denen es Audio-Dateien gibt, erkennst du an diesem Symbol: 🎧. Um die Audio-Dateien anzuhören, gib auf der Internetseite www.finaleonline.de diesen Code ein: EN4v9Mn.
In diesem Arbeitsbuch findest du Schreibraum für wichtige vorbereitende Notizen.
Darauf verweist neben den Texten auf blauem Hintergrund dieses Zeichen: ✍
Manchmal musst du deine Texte auf einem Extrablatt anfertigen.
Das erkennst du an diesem Zeichen: 📝

Wir sind sicher, dass du dich nach der Bearbeitung dieses Buches sicher für das „Finale“ fühlst, und wünschen dir für die Prüfung viel Erfolg.
Das Autorenteam

Inhaltsverzeichnis

Teil A Die schriftliche Prüfung

A 1 Vorbereitung: Let's get ready for the test!

A 1.1 Was wird in der schriftlichen Prüfung erwartet?

Die zentrale Abschlussprüfung im Fach Englisch ist in Berlin eine **kombinierte** Prüfung zur erweiterten Berufsbildungssreife (eBBR) und zum mittleren Schulabschluss (MSA). Das bietet dir die Chance, entweder die Anforderungen für die eBBR oder für den MSA zu erfüllen.
Die Anzahl der erreichten Punkte entscheidet darüber, welchen der beiden Schulabschlüsse du erzielt hast. Voraussetzung für das Bestehen des MSA ist, dass du mindestens 45 der möglichen 75 Punkte erreichst. Für die eBBR liegt die Mindestpunktzahl bei 25 Punkten.
Die schriftliche Prüfung in Berlin enthält Aufgaben zum Hör- und Leseverstehen, zum Schreiben und zur Sprachmittlung. Damit unterscheidet sie sich sicher nicht sehr von Klassenarbeiten, mit denen du schon vertraut bist.

INFO Prüfung in Brandenburg

Die zentrale schriftliche Abschlussprüfung im Land Brandenburg ist wie auch die Berliner Prüfung eine kombinierte Prüfung zur erweiterten Berufsbildungsreife (EBR) und zur Fachoberschulreife (FOR). Die erzielte Gesamtpunktzahl entscheidet darüber, welcher der beiden Schulabschlüsse erreicht wird.
In ihrer schriftlichen Prüfung bearbeiten Schülerinnen und Schüler im Land Brandenburg ausschließlich Aufgaben zur Überprüfung des Hör- und Leseverstehens. Diese Prüfung entspricht den Teilen Hörverstehen und Leseverstehen der schriftlichen Prüfung des Landes Berlin. Detaillierte Informationen zum auch in Brandenburg durchgeführten Teil findest du unter A 1.2, A 1.5 und A 1.6.
Alle weiteren Informationen zum Aufbau und Ablauf der schriftlichen Abschlussprüfung beziehen sich daher auf die Prüfung des Landes Berlin.

A 1.2 Zum Aufbau der schriftlichen Prüfung

Die schriftliche Prüfungsarbeit besteht aus zwei Teilen, in denen mehrere Fertigkeiten überprüft werden:
Teil I: Hörverstehen
Teil II: Leseverstehen und Schreiben

Im **ersten Teil** der Prüfung (45 Minuten) wird das Hörverstehen überprüft. Dazu werden dir vier verschiedene Hörtexte vorgespielt. Der vierte Hörtext ist besonders anspruchsvoll und wird in den Originalprüfungen mit einem Stern (*) gekennzeichnet.
Zu jedem Hörtext erhältst du unterschiedliche Aufgaben, z. B. das Zuordnen von Bildern zu (Lautsprecher-) Ansagen oder die Auswahl der korrekten Lösung aus mehreren Antwortmöglichkeiten (Multiple Choice). Diese Art von Aufgaben sind dir sicherlich nicht neu. **Aber Vorsicht:** Lass dich nicht täuschen! Oft sind die Antwortmöglichkeiten derart ähnlich, dass man leicht etwas Falsches ankreuzt. Es gilt, genau hinzuhören und die Aufgabenstellung und Antwortmöglichkeiten in Ruhe zu bedenken.
Im **zweiten Teil** der Prüfung (105 Minuten) werden deine Fertigkeiten im Lesen und Schreiben getestet. Du erhältst einen zweiten Aufgabenbogen, den du selbstständig und in deinem individuellen Tempo bearbeiten kannst.
Das **Leseverstehen** wird anhand drei unterschiedlicher Leseaufgaben überprüft. In der Regel wird hier getestet, ob und inwieweit du in der Lage bist, unterschiedlich langen Texten beziehungsweise Textsorten Informationen zu entnehmen. Das Textangebot reicht von Hinweisschildern bis hin zu längeren Zeitungsartikeln. Zu jedem Lesetext bekommst du Aufgaben, zu denen du wiederum die richtigen Lösungen auf dem Aufgabenbogen angeben sollst. Das sind in der Regel Auswahl-(Multiple Choice) und Zuordnungs-

aufgaben (*matching*). Auch hier gilt: Nimm dir Zeit und lies die Aufgabe und die Antwortmöglichkeiten **genau** durch! Ein voreiliges Vorgehen führt auch hier schnell zu Fehlentscheidungen.

Bei der **ersten Schreibaufgabe** sollst du in der Regel einen Beitrag in einem Online-Chat schreiben. Du sollst einen kurzen Text zu einem Foto schreiben, das du gepostet hast. Dabei wird dir ein Foto vorgegeben, zu dem Freunde Fragen gestellt haben. Diese Fragen sollst du nun beantworten. Tipps und Hinweise dazu findest du im Kapitel 1.7 „Schreiben".

In der **zweiten Schreibaufgabe** wird dir beispielsweise ein Beitrag eines gleichaltrigen Teenagers aus einem Online-Forum präsentiert, auf den du angemessen antworten sollst. Es wird von dir erwartet, dass du gestellte Fragen und Aufforderungen ausführlich und natürlich sprachlich korrekt beantwortest.

Die **dritte Schreibaufgabe** überprüft deine Fähigkeit, Informationen aus deutschen Texten sinngemäß und zweckgebunden ins Englische zu übertragen (**Mediation**). Dabei kann es zum Beispiel um Freizeitaktivitäten oder Ideen für Projektwochen gehen. Wichtig ist es, zu beachten, dass du Inhalte **nicht** wörtlich übersetzen sondern sinngemäß übertragen sollst. Nützliche Tipps und Strategien zur Umschreibung von Wörtern und Wortgruppen findest du im Kapitel 1.8 „Mediation".

INFO zu den Aufgabentypen

Zur Überprüfung des Hör- und Leseverstehens werden in der Regel folgende Arten von Aufgaben verwendet:

1. Multiple choice
   (= Tick the correct answer.)
2. Note-taking
   (= Complete a table/grid using keywords.)
3. Matching
   (= Find the matching "partner(s)")

INFO zu den Schreibaufgaben

Zur Überprüfung deiner Schreibfertigkeit werden dir in der Regel drei Aufgaben gestellt:

1. Schreiben eines Beitrags in einem Online-Chatroom
2. Antwort auf einen Online-Forumsbeitrag
3. sinngemäßes Übertragen von Informationen ins Englische

A 1.3 Kriterien der Bewertung

Die Bewertung der einzelnen Aufgabenteile ist sehr unterschiedlich. In den Auswahl- und Zuordnungsaufgaben zur Überprüfung des Hör- und Leseverstehens erhältst du für jede richtige Antwort einen Punkt. Etwas komplizierter dagegen ist die Bewertung der freien Schreibaufgaben. Hier wird neben der **Sprache** auch der **Inhalt** bewertet. Beide Kriterien gehen zu etwa 50% in die Bewertung ein.

A 1.4 Weitere Hinweise und Informationen zur schriftlichen Prüfung

1. Zur Bearbeitung aller Prüfungsaufgaben werden dir **insgesamt 150 Minuten** zur Verfügung stehen, 45 Minuten für den Hörverstehensteil (Teil I) und 105 Minuten für den Leseverstehens- und Schreibteil (Teil II). Dazwischen liegt eine Pause von 30 Minuten.
2. Die Benutzung eines Wörterbuches oder anderer Hilfsmittel ist **nicht gestattet**.
3. Der Aufsicht führende Lehrer beantwortet während der Prüfung keine fachlichen Fragen. Du musst dir die Aufgaben also immer ganz genau durchlesen.

A 1.5 Hören

Im Hörverstehensteil der Prüfung kannst du zeigen, inwiefern du in der Lage bist, aus unterschiedlich langen und komplexen Hörtexten detaillierte bzw. globale Informationen zu entnehmen. Das können Lautsprecheransagen, Diskussionen beziehungsweise Gespräche oder auch Radiospots sein, wie sie dir in

englischsprachigen Ländern tatsächlich begegnen könnten. Entsprechend wirst du dabei mit unterschiedlichen englischen Akzenten, Sprechtempi und ggf. Hintergrundgeräuschen konfrontiert. Da dieser Aufgabenteil die höchste Konzentration erfordert, wird damit begonnen.
Jeder Aufgabenteil der Abschlussprüfung erfordert **drei verschiedene Arten des Hörverstehens:**
- selektives Hörverstehen
- globales Hörverstehen
- detailliertes Hörverstehen

Was erwartet dich?
Insgesamt erwarten dich vier unterschiedliche Aufgabenteile, die wie folgt aussehen:
Im **ersten Hörverstehensteil** geht es darum, **detaillierte Fakten** aus Lautsprecheransagen, Telefongesprächen oder Nachrichten auf Anrufbeantwortern herauszuhören. Das können z. B. Uhrzeiten, Ortsangaben oder ähnliche Informationen sein. Du erhältst zu jeder Frage drei Auswahlantworten, die durch Bilder unterlegt werden.
Im **zweiten Hörverstehensteil** werden dir etwa vier **Radiospots** (z. B. Radiowerbungen) vorgespielt. Deine Aufgabe besteht darin, die Hauptaussage der Spots zu erkennen und diese aus vier Antwortmöglichkeiten auszuwählen.
Der **dritte Hörverstehensteil** testet deine Fähigkeit, wichtige Einzelinformationen aus längeren Monologen oder Gesprächen herauszuhören und in Form von Stichpunkten in eine Tabelle einzutragen. Dabei kann es sich zum Beispiel um eine Diskussion oder den Austausch von Erfahrungen oder Vorlieben zu Themen wie Mode oder Freizeit handeln.
Im **vierten Hörverstehensteil** verfolgst du als Hörer eine **Talkshow** beziehungsweise eine Radiodiskussion zu einem Thema, bei dem es um Probleme des täglichen Zusammenlebens geht. Dabei diskutieren verschiedene Personen, deren Argumente, aber auch Gefühle und Einstellungen du erkennen und aus einer Auswahl an Antwortmöglichkeiten identifizieren musst.
Strategien zum Hörverstehen kennen
Alle Hörtexte der schriftlichen Prüfung werden dir zweimal vorgespielt. Du musst also nicht bereits nach dem ersten Hören alle Aufgaben und Fragen vollständig beantworten können.
Es gibt Strategien, die dir helfen, möglichst schnell und effektiv das Wichtigste zu erfassen und das zweite Hören dafür zu nutzen, deine Antworten noch einmal in Ruhe zu überprüfen.
Der Blick auf die Aufgabe(n) und Lösungsvarianten verrät dir bereits, dass du nicht jedes Wort und nicht jeden Fakt eines Hörtextes verstehen musst, um erfolgreich zu bestehen!

TIPP Radiospots

Radiospots sind häufig extrem kurz und werden sehr schnell gesprochen. Deshalb ist es wichtig, auf dir bekannte Schlüsselwörter (Nomen und Verben) zu achten. Sie geben dir oft Hinweise auf das Thema oder die Textaussage. Auch Hintergrundgeräusche verraten dir etwas über den Ort oder die Situation.

a) vor dem Hören:
- Lies die Aufgabenstellung genau durch. Überlege, worum es in dem Hörtext gehen wird. Vielleicht weißt du schon etwas über das Thema.
- Schau dir die Antwortmöglichkeiten in Ruhe an und bedenke:
  - Welche Antwort erscheint vielleicht bereits im Vorfeld logisch oder sinnvoll?
  - Worauf musst du konkret achten? (Welche Details sind wichtig?)
- Lege Zettel und Stift bereit, um während des Hörens kurze Stichpunkte zu notieren.

b) beim Hören:
- Versuche, entspannt zu bleiben.

- Wenn du an einer Stelle den Faden verlierst, gib nicht auf. Setze an späterer Stelle wieder ein!
- Achte auf den Tonfall, das Sprechtempo und Lautstärke der Sprecher. Häufig verraten sie dir bereits etwas über die Haltung oder über die Einstellung der Person zu einem Thema. Betontes ist häufig wichtig.

TIPP Hörverstehen langfristig trainieren

An der Anzahl und Vielfalt der Aufgabenformate erkennst du bereits, dass es sich lohnt, Ausdauer und Konzentrationsfähigkeit beim Hörverstehen gezielt und langfristig zu üben.
Deshalb solltest du frühzeitig beginnen, viele verschiedene Hörtexte ohne „Prüfungsstress" anzuhören und dich so in die Sprache mit ihren vielen Akzenten und Varianten „einzuhören".

- Viele Arbeitshefte von Lehrbüchern verfügen über eine beigefügte CD mit Hörtexten zum selbstständigen Üben. Hör sie dir in regelmäßigen Abständen an und versuche, das Wesentliche zu verstehen.
- Viele deiner Lieblingsfilme auf DVD verfügen über eine Sprachenauswahl. Schau und hör dir die Filme doch einmal in der englischen Originalversion an. Hilfreich ist anfangs auch das gleichzeitige Einblenden der englischen Untertitel.
- Hör dir deine Lieblingssongs doch einmal genauer an. Erkennst du, worum es in dem Lied eigentlich geht? Zur Kontrolle kannst du unzählige *song lyrics* im Internet finden.
- Schalte regelmäßig englische Radio-/Fernsehprogramme ein, schau dir Spots an (z. B. auf YouTube).

A 1.6 Lesen

Bei den Leseverstehensaufgaben des MSA ist eine Auswahl an englischsprachigen Texten zu lesen und zu verstehen. Dabei wird von dir erwartet, dass du die Hauptaussage eines Lesetextes ohne die Hilfe eines Wörterbuches erschließt. Du musst aber auch in der Lage sein, detaillierte Fakten oder Einzelinformationen herauszulesen.
Insgesamt erwarten dich drei unterschiedliche Leseaufgaben.

Was erwartet dich?

Im **ersten Leseverstehensteil** werden dir fünf **Kurzmitteilungen** (z. B. Reklame- oder Warnschilder, Verhaltensregeln, Hinweistafeln) präsentiert. Deine Aufgabe besteht darin, die Kernaussage dieser Mitteilungen zu erfassen.

Der **zweite Leseverstehensteil** ist eine **Zuordnungsaufgabe**. Du erhältst Informationen zu fünf verschiedenen Personen, aufgrund derer du jeder Person aus einer Auswahl an Hobbys, Urlaubszielen, Büchern oder Ähnlichem zwei passende zuordnen musst.
Im **dritten Leseverstehensteil** erwartet dich ein längerer Artikel zu einem aktuellen Thema aus dem Bereich Unterhaltung. Dieser Text handelt z. B. von berühmten Persönlichkeiten und ihren Aktivitäten oder gibt Hintergrundinformationen zu aktuellen Filmen und Fernsehshows. Im Multiple-Choice-Verfahren musst du hier nachweisen, dass du sowohl die Kernaussage als auch detaillierte Textinformationen genau verstanden hast.

Lesetechniken kennen

In allen Prüfungsteilen zum Lesen sind folgende zwei **Lesetechniken** wichtig:

1. Das *skimming*: Diese Technik wendest du an, wenn du einen Text schnell überfliegst, um dir einen ersten **Überblick** darüber zu verschaffen, worum es überhaupt geht.
2. Das *scanning*: Diese Technik nutzt du, wenn du in einem Text nach **bestimmten Informationen** suchst, um Textverständnisfragen konkret zu beantworten.

Die Anwendung beider Techniken kannst du natürlich üben. Wenn du folgende Tipps und Tricks verinnerlichst, wirst du die Prüfungsaufgaben sicher wesentlich ruhiger und erfolgreicher in Angriff nehmen können.

Lesetechniken anwenden

Skimming – das „überfliegende" Lesen:

1. Schau dir zuerst die **Überschrift** an. Sie verrät dir oft schon, worum es in dem Text geht.
2. Der **erste** und der **letzte Satz** (eines Textabschnittes) sind häufig wesentlich für das inhaltliche Textverständnis.
3. Ist der Text in Abschnitte gegliedert? Jeder Abschnitt widmet sich in der Regel **einem Aspekt** des Themas (z. B. Kindheit, Karrierebeginn, heutiges Leben eines Stars) und hilft dir so, dich zu orientieren.

Scanning – das „suchende" Lesen:

Du suchst gezielt nach Informationen, die dir helfen, konkrete Leseverständnisfragen zu beantworten (z. B. das Alter, Hobbys, Einstellungen oder gemeinnützige Aktivitäten einer Person). Dabei ist es oft nicht notwendig und eher zeitraubend, jeden einzelnen Satz ganz genau zu lesen.

1. Überfliege (*Skimme!*) den Text zunächst. Markiere **Schlüsselwörter** (Nomen, Verben, Jahreszahlen usw.) im Text (z. B. *years old, likes, hobbies, free time* oder *charity*), die dir später helfen, konkrete Textaussagen wiederzufinden.
2. Texte sind oft in Sinnabschnitte gegliedert. Teile sie farbig oder durch Bleistiftstriche voneinander ab.
3. Konzentriere dich ausschließlich auf diese markierten Textteile und finde Schlüsselwörter, die dir helfen, die Frage zu beantworten.

TIPP Lesen

- Lass dich beim Lesen nicht von unbekannten Wörtern demotivieren. Nicht jedes Wort oder Detail ist für die Lösung von Bedeutung.
- Lass Fragen, auf die du nicht sofort eine Antwort findest, zunächst ruhen. Markiere sie und beantworte sie nach Erledigung aller anderen Aufgaben.

Du musst davon ausgehen, dass du beim ersten Überfliegen der Texte auf eine Vielzahl unbekannter Wörter und Wendungen stößt. Da es sich um authentische Texte, d. h. Originaltexte aus dem englischsprachigen Raum handelt, ist das auch normal und keineswegs ein Grund zur Panik. Wichtig ist, dass du Strategien kennst und anwendest, die dir helfen, strukturiert an die Leseaufgaben heranzugehen und die geforderten Informationen gezielt zu finden. Die folgende Vorgehensweise beziehungsweise **Schrittfolge** soll dich dabei unterstützen.

Schritt 1: Bereite dich auf das Lesen vor.

- Lege Materialien zum Markieren und Hervorheben von Textinformationen bereit. Das können farbige Textmarker, Buntstifte und ein Lineal sein.
- Gibt es Bilder oder eine Überschrift, die dir vielleicht schon eine Idee vom Textinhalt geben?
- Lies nun die Aufgabenstellung genau durch. Worauf musst du dich beim Lesen wirklich konzentrieren? Markiere bereits in der Aufgabenstellung wichtige Wörter und/oder Hinweise.
- Schaue anschließend die Lösungsvarianten an. Sie geben dir wichtige Hinweise auf die Textaussage bzw. einzelne wichtige Details, auf die du beim Lesen gezielt achten musst.

Schritt 2: Lies den Text aktiv.

- Lies den gesamten Text zunächst einmal zügig durch. So bekommst du einen guten Überblick, worum es überhaupt geht.

Lies den Text jetzt unter Beachtung der Aufgabenstellung. Markiere nun wichtige Schlüsselwörter oder Wortgruppen, die für die Beantwortung der Fragen wesentlich sind. Nutze dabei verschiedene Farben für verschiedene Aspekte.

Mit unbekannten Wörtern umgehen

Beim Lesen englischsprachiger Texte werden dir immer wieder Wörter und Wendungen begegnen, die du nicht kennst. Das geht dir sicher auch bei der Lektüre einer deutschen Zeitung so und es ist kein Anlass zur Besorgnis. Um einen Text im Gesamtzusammenhang zu verstehen, muss man nicht jedes einzelne Wort kennen. Wenn dir ein bestimmtes Wort allerdings wesentlich für das Textverständnis erscheint, können dir folgende Tipps zur Bedeutungserschließung vielleicht helfen:

1. Lässt sich die Bedeutung vielleicht aus dem Satzzusammenhang erschließen?
   Beispiel: "Don't let your dog foul our streets and parks. Clean up!" Im Zusammenhang mit „dog", „streets" und anschließendem „clean" kann „foul" wahrscheinlich nur eine Bedeutung haben – das „Beschmutzen" der Straße durch den Hund in irgendeiner Form.
2. Erkennst du einen Wortstamm, von dem dieses Wort abgeleitet sein könnte?
   Beispiele: „unrecognizable": „recognize" = erkennen, die Vorsilbe -un verneint etwas und die Nachsilbe *-able* entspricht dem Deutschen -bar (d. h. etwas ist machbar). „unrecognizable" könnte also bedeuten: nicht zu erkennen, nicht erkennbar bzw. unkenntlich.
   „payment": „pay" = bezahlen; *-ment* = Substantivendung. Das Wort bedeutet demnach Bezahlung.
3. Lässt sich die Wortbedeutung aus der Muttersprache erschließen?
   Beispiele: „phenomenon" = Phänomen; „spontaneous" = spontan, „debate" = Debatte bzw. debattieren
4. Ergibt sich eine Verbindung zu weiteren Fremdsprachen, die du vielleicht kennst?
   Beispiele: „gouvernement" (frz. Regierung) = „government" (engl. Regierung); „violence" (frz. Gewalt) = „violence" (engl. Gewalt) ; „fortune" (frz. Glück) – „fortunately" (engl. zum Glück/glücklicherweise)

A 1.7 Schreiben

Die Schreibaufgaben der Prüfung umfassen ebenfalls verschiedene Textsorten und damit verbundene spezifische Anforderungen. Es wird beispielsweise von dir erwartet, dass du in einem Online-Chat einen kurzen Text schreibst oder auf eine E-Mail adressatengerecht und fremdsprachlich korrekt antwortest.

Was erwartet dich?
In der **ersten Schreibaufgabe** werden dir Fragen zu einem von dir geposteten Foto gestellt. Dieses Foto hast du im Online-Chatroom veröffentlicht und musst dazu nun einen kurzen sinnvollen Text schreiben.

In der **zweiten Schreibaufgabe** wird dir eine **E-Mail** beziehungsweise ein **Brief** eines etwa gleichaltrigen Schülers präsentiert, den du zunächst lesen und verstehen musst. Deine Aufgabe besteht anschließend darin, auf die in der E-Mail gestellten Fragen ausführlich und sprachlich angemessen zu reagieren. In diesem Brief geht es in der Regel um ein kontroverses/streitbares Thema, z. B. den Umgang mit Taschengeld, sinnvolle Freizeitaktivitäten oder Pflichten im Haushalt.

Schreibtechniken kennen
a) Schreibaufgabe 1: Informationen zu einem Foto geben
Bevor du die Fragen des Chatmitglieds zu deinem Foto beantwortest, solltest du diese Schrittfolge einhalten:

1. Schau dir das Foto in Ruhe an. Stell dir vor, was passiert sein könnte. Lass deiner Fantasie freien Lauf!
2. Notiere dir nun die Fragen zum Foto auf einem Extrablatt.
3. Sammle Ideen und mache dir Notizen zu jeder Frage. So vergisst du nichts.
4. Die Notizen und Ideen helfen dir später, einen zusammenhängenden Text zu schreiben.

b) Schreibaufgabe 2: Auf einen Online-Forumsbeitrag/eine E-Mail antworten.
Vor dem Schreiben:
Auch hier sollst du auf Fragen aus einem Online-Forumsbeitrag antworten. Deshalb ist es günstig, die Aufgabenstellung in den folgenden kleinen Schritten zu erledigen:

1. Lies den Forumsbeitrag zunächst sorgfältig durch.
2. Markiere das Thema. Häufig wird nur ein Thema behandelt.

3. Wichtig: Unterstreiche alle im Text gestellten Fragen. Denk daran, dass du in deiner **Antwort** möglichst alle Fragen ausführlich beantworten musst.
4. Nummeriere die Fragen und mache dir zunächst zu jeder Frage auf einem Extrablatt Notizen. Diese Notizen kannst du später ausformulieren.

Es ist immer sinnvoll, vor dem Schreiben Ideen zu sammeln. Diesen wichtigen Schritt nennt man **Brainstorming**.

INFO zum Brainstorming

Beim Brainstorming schreibst du zuerst einmal alle spontanen Ideen und Einfälle zu einem Thema oder einer Fragestellung ungeordnet auf. Später sichtest und strukturierst du diese Ideen, als
- **Mindmap** (Das Thema wird dabei in die Mitte geschrieben, von dem Oberbegriffe oder Unterthemen abzweigen. An jeden Ast kannst du dann passende weitere Ideen schreiben.) oder als
- **Prioritätenliste** (Sichte deine Ideen oder Argumente und schreibe sie je nach persönlicher Gewichtung untereinander. Beginne mit der dir wichtigsten Idee.)

Gliedern – die Struktur guter Texte

Gute Texte, dazu gehören auch Briefe oder E-Mails, erkennt man an folgenden **drei Abschnitten**:

1. **Einleitung**
   (Bedanke dich für den Erhalt der E-Mail und leite deine Antwort ein.)
2. **Hauptteil**
   (Hier schreibst du über dich, deine Erfahrungen bzw. deine Meinung. Du beantwortest dabei die Fragen, die dir gestellt wurden.) Wenn nötig, setze Absätze.
3. **Schlussteil**
   (Fasse deine Ausführungen sinnvoll zusammen und/oder formuliere abschließende Fragen an den Partner. Verabschiede dich.)

INFO Redemittel – E-Mail/Brief (informell)

Anrede/Begrüßung: *Hello/Hi/Dear ...*
Einleitungssatz: *Thank you (so much) for your e-mail/letter./Great to hear from you./I'd love to ...*
Abschluss/Verabschiedung: *Say hello to ...(name)/Hope to hear from you soon./Looking forward to hearing from you.*
Grußformel: *Yours/Love ...*

Nach dem Schreiben

Nimm dir nach Fertigstellung deines Textes unbedingt die Zeit, das Geschriebene noch einmal in Ruhe durchzulesen und zu korrigieren.

1. Ist der Text vollständig? Hast du alle erforderlichen Informationen eingefügt?
2. Findest du eventuell noch Rechtschreib- oder Grammatikfehler?

A 1.8 Mediation

Mediation bedeutet Sprachmittlung. Die Mediationsaufgabe in der schriftlichen Prüfungsarbeit testet deine Fähigkeit ab, wichtige Informationen aus deutschen Texten ins Englische zu übertragen. Das ist keine reine Übersetzungsaufgabe. Es geht vielmehr darum, für die Aufgabenstellung wesentliche Aspekte zu erkennen und dann sinngemäß ins Englische zu übertragen.

CHECKLISTE zum Verfassen eines Forum-Beitrags/einer E-Mail

1. Ausgangstext lesen und Fragestellungen markieren/hervorheben
2. Brainstorming: Ideen sammeln und sortieren
3. Schreiben: Redemittel beachten, mit Absätzen strukturieren
4. Inhalt und Sprache überprüfen

Was erwartet dich?
Du erhältst zwei Ausgangstexte (z. B. Biografien, Erfahrungsberichte, Ausflugstipps etc.) in deutscher Sprache. Deine Aufgabe besteht darin, entsprechend der Aufgabenstellung einen Text für den gegebenen Anlass auszuwählen und Schlüsselinformationen in der Fremdsprache zu formulieren. Die Aufgabenstellung gibt dir Anhaltspunkte, welche und wie viele Informationen du zu welchem Zweck übertragen musst. Dabei sollst du eine E-Mail schreiben.

Um diese Aufgabe erfolgreich zu lösen, bietet es sich an, die folgende **Schrittfolge** einzuhalten:
1. Lies die Aufgabenstellung genau. Unterstreiche bzw. markiere die Informationen, die du konkret weitergeben musst.
2. Wenn nötig, mache dir zuerst Notizen auf einem Schmierzettel, bevor du die Aufgabe schriftlich ausarbeitest.

TIPPS zur Sprachmittlung

- Übersetze nicht Wort für Wort!
- Konzentriere dich auf das Wesentliche, lass unwichtige Einzelheiten weg.
- Formuliere kurze und einfache Sätze.
- Umschreibe Wörter, die du nicht kennst oder die dir (vor Aufregung) nicht einfallen.

Strategien zum Umschreiben von Wörtern
Es gibt verschiedene Möglichkeiten, Wörter zu umschreiben, die einem während der Prüfung nicht einfallen. Wenn du in diese Situation kommst, versuche es doch einmal so:
- Paraphrasiere das Wort, d. h., umschreibe es mit einem Wort, das dieselbe oder eine ähnliche Bedeutung hat. (z. B. „winzig" = *tiny* = ***very small***)
- Versuche es mit dem Gegenteil. (z.B. „hell" = *bright* = ***not dark***)
- Umschreibe das Wort mit einer Wortgruppe. (z. B. „Geldbörse" = *purse/wallet* = ***a small bag for your money***)
- Umschreibe mithilfe von Ober- bzw. Unterbegriffen. (z. B. „Besteck" = *cutlery* = ***forks**, **knives and spoons***)
- Umschreibe den Begriff mit Relativsätzen, z. B.
  - *It is an animal that …*
  - *It is something you need/use for …*
  - *It is someone who …*
  - *It is a place where …*

A2 Angeleiteter Test 1

Erster Prüfungsteil: Hörverstehen

TIPP zum Hörverstehen

Beim Hörverstehen ist es wichtig, Ruhe zu bewahren!
Denk daran, dass du alle Texte zweimal anhören kannst. Dinge, die dir vielleicht fehlen oder die du nicht genau verstanden hast, kannst du also im zweiten Anlauf noch ergänzen.

Listening Part 1: Travelling by Train – Travel Announcements

Track 1

You are going to hear two announcements.

There are two questions for each announcement.

- Look at the pictures and listen to the recording.
- Choose the correct picture and put a tick ✔ in the right box.
- You can listen to the recording twice.

Announcement One: At the station

1. Why is the train to Manchester Airport late?

A ☒

B ☐

C ☐

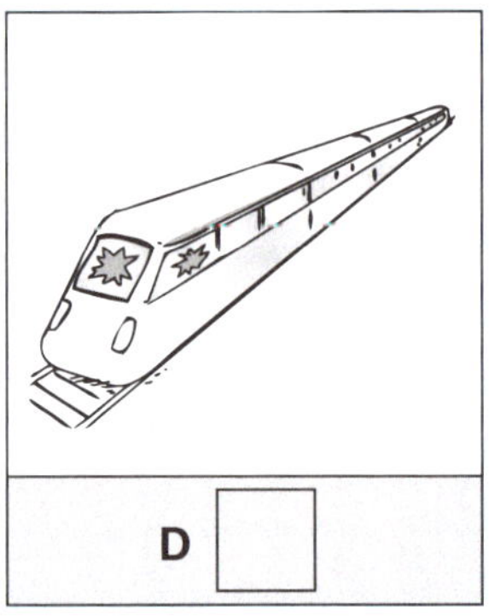

D ☐

2. Which platform will the train leave from?

A ☐

B ☐

C ☒

D ☐

Announcement Two: On the train

3. What can you get in the £ 4.99 meal deal?

A ☐

B ☐

C ☒

D ☐

4. Which is the Virgin train service to Manchester Piccadilly?

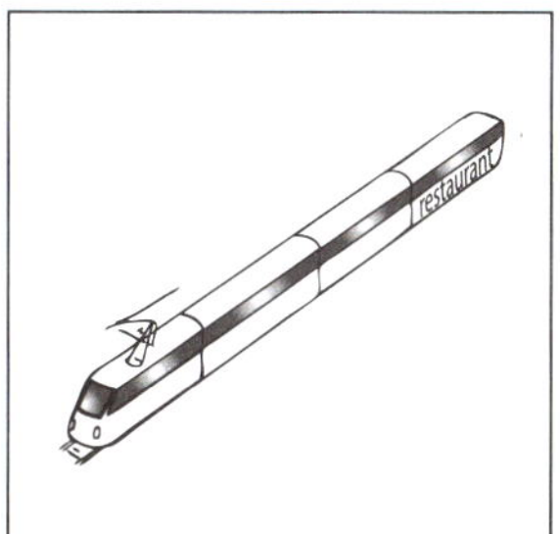

A ☐

B ☒

C ☐

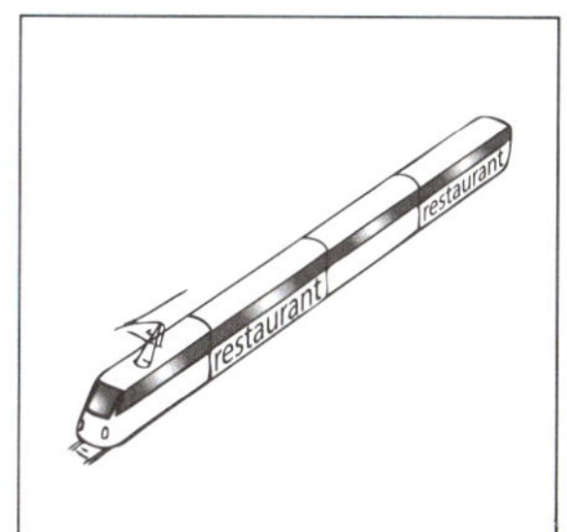

D ☐

Lösungshilfe

Du erinnerst dich sicher an die Schritte, die man beim Hörverstehen beachten sollte (S. 8):
Lies dir die Aufgabenstellungen genau durch und schau dir die Bilder gut an.

Announcement 1: Die Aufgabenstellung verrät dir, dass du den Grund für die Verspätung eines **Zuges** erkennen sollst. Da das zweite Bild jedoch einen Flughafen zeigt, kannst du dieses Bild bereits ausschließen. Die Bilder 1 und 4 zeigen kaputte Dinge (Signal und Zugfenster). Achte hier also auf die Schlüsselwörter *signal* bzw. *windows*. Das dritte Bild erfordert die Wörter *rain* und/oder *clouds*.
Das Erkennen der korrekten Bahnsteignummer ist etwas einfacher. Sprich dir die vorgegebenen Zahlen vor dem Hören einfach noch einmal halblaut vor, sodass du den Klang bereits im Ohr hast.

Announcement 2: Die Überschrift „On the train" verrät dir, dass die folgende Ansage während der Zugfahrt erfolgt. Du sollst zuerst heraushören, welche Mahlzeit zu einem Sonderpreis angeboten wird. Die Bilder verraten dir auch hier die Schlüsselbegriffe, auf die du achten musst. Notiere sie dir vor dem Hören unter die Bilder: 1. *chicken*, *potatoes*, *salad*; 2. *sausages*, *potatoes*, *salad*; 3. *chicken*, *potatoes*, *salad*, *coke/drink* und 4. *sandwiches*, *coke/drink*.

In der letzten Teilaufgabe geht es um die Position des/der Zugrestaurants. Hilfreiche Schlüsselbegriffe könnten hier *first/last car*, *middle*, *front/mid position*, *(at the) front* sein.

Listening Part 2: Radio Ads

Track 2

You are going to hear four radio adverts.

- Read the statements below and listen to the recording.
- Tick ✔ the correct statement for each radio ad.
- You can listen to the recording twice.

5. (Ad 1)
This advert tells you …

A	☐	how to buy tickets for Glastonbury Festival.
B	☐	how to get a first aid qualification.
C	☒	what kind of work you could do at Glastonbury Festival.

6. (Ad 2)
This advert …

A	☐	gives people the latest traffic news about highway construction work.
B	☐	wants people to buy environmentally friendly cars.
C	☒	wants people to team up and travel together in one car.

7. (Ad 3)
This radio advert …

A	☐	wants more people to ride a bicycle.
B	☒	tells people to wear a helmet when cycling.
C	☐	asks skateboarders to wear protective clothing.

8. (Ad 4)
This radio spot is looking for people who …

A	☐	give the money they normally earn in one hour to children in need.
B	☒	are prepared to spend one hour collecting money for children in need.
C	☐	want to do volunteer work in a children's home for one hour a week.

Lösungshilfe

a) vor dem Hören:
Auch beim zweiten Aufgabenteil, dem Hörverstehen von Radiospots, solltest du dir zunächst die Aufgabenstellung und die Lösungsvorgaben genau durchlesen. Markiere bereits in den Lösungsvorgaben **Schlüsselwörter** (Nomen und Verben), die dir später als Signalwörter beim Textverständnis helfen.
Ad 1: Unterstreiche z. B.
A) buy, tickets, festival
B) get, first aid qualification
C) kind of work, do, at festival
b) beim Hören:
Achte nun auf die **Hauptaussage** des Textes. Die unterstrichenen Schlüsselwörter helfen dir, wichtige Informationen „im Auge“ zu behalten.
Achtung: In der Regel enthält jede Ankreuzmöglichkeit einen Aspekt, der in den Hörpassagen angesprochen wird. Nur eine passt aber genau. Lass dich also nicht irritieren und höre von Anfang bis Ende konzentriert zu.

Listening Part 3: Ideas for the Summer Holidays

Track 3

- You are going to hear some friends talking about the summer holidays.
- You can listen to the recording twice.
- Complete the table below using keywords.

	holiday idea	reason why
David	9. Start garden first grandma	something you can be proud of
Tina	10. helping a beauty day	13. relax, dont forget. feel better
Michael	11. brunch with friends	14. have a great time with your friends.
Becky	12. yoga	15. good for your body
Tom	volunteer work	16. you meet new peaople
Karen	give your bedroom a new look	17. it's makes you happy

Lösungshilfe

a) vor dem Hören:
Lies zunächst die Überschrift und schau dir die Tabelle in Ruhe an: Es werden sich Freunde über ihre Pläne für die Sommerferiengestaltung unterhalten. Deine Aufgabe ist es, die Ideen und deren Begründung („reason why") stichpunktartig zu notieren.

b) beim Hören:
Bewahre Ruhe. Höre konzentriert zu und notiere die Aussagen beziehungsweise Schlüsselwörter, die du verstehst. Wenn du etwas nicht sofort verstehst, ist das kein Problem. Du kannst den Text ein zweites Mal anhören.

c) nach dem ersten Hören:
Markiere nun die Felder, auf die du beim zweiten Hören besonders achten musst. Konzentriere dich beim nächsten Durchgang vorrangig auf diese fehlenden Details.

* Listening Part 4: World Animal Day/Going Veggie?

Track 4

You are going to hear part of a radio talk about eating meat.

There are four people talking: a presenter, Amber, Dylan and Connor.

- Read the statements below and listen to the recording.
- Put a tick ✔ in the box next to the correct statement.
- In each task only one statement is correct.
- You can listen to the recording twice.

18. Of the three teenagers interviewed ...	**A**	☐	everybody eats meat on a regular basis.
	B	☐	Amber and Dylan don't eat meat.
	C	☐	Amber is the only vegetarian.

19. Amber stopped eating meat because ...	**A**	☐	she thought eating vegetables was healthier.
	B	☐	her uncle had a vegetable farm and told her not to eat meat.
	C	☐	it felt wrong to her to play with the animals and then eat them.

20. Amber's parents ...	**A**	☐	were shocked that Amber wanted to be a vegetarian.
	B	☐	found her decision easy to live with.
	C	☐	were vegetarians.

21. Connor thinks that …	**A**	☐	you should always eat salad and potatoes with your meat.
	B	☐	it's not healthy to be a vegetarian, especially as a child.
	C	☐	eating no meat at all would make him go crazy.
22. Amber believes it's terribly wrong …	**A**	☐	that animals kill each other in the wild.
	B	☐	that Connor doesn't like salad.
	C	☐	how a lot of animals are kept and killed.
23. Dylan …	**A**	☐	agrees with Connor that mass animal farming is necessary and natural.
	B	☐	thinks like Amber about keeping animals.
	C	☐	isn't interested in how animals are kept.
24. From a documentary Dylan has learned that …	**A**	☐	turkeys are often farmed very unnaturally to grow fat very quickly.
	B	☐	eating turkey is unhealthy.
	C	☐	normal turkeys can't fly or walk.
25. Dylan thinks that …	**A**	☐	people should give up meat completely.
	B	☐	people shouldn't buy mass-produced meat.
	C	☐	it isn't necessary to kill animals.

Lösungshilfe

a) **vor dem Hören: Schritt 1:** Die Überschrift und die Aufgabenstellung verraten dir bereits, dass es sich um das Thema „Tierrechte/fleischlose Ernährung" handeln muss. In der angekündigten Radiosendung werden vier Personen diskutieren, d. h., es werden unterschiedliche Meinungen vertreten sein.
Schritt 2: Lies die Antworten genau durch und markiere Schlüsselbegriffe in den Lösungsvorgaben, die dir später als Signalwörter während des Hörens hilfreich sein können. Aussage 19: Markiere z. B.
A – eating vegetables – healthier, B – uncle – vegetable farm – not eat meat, C – wrong to play – then eat
Schritt 3: Überlege, ob es Antwortvorgaben gibt, die du bereits im Vorfeld ausschließen kannst bzw. für sehr unwahrscheinlich hältst. Kennzeichne sie.
b) **beim Hören:** Nutze nun deine markierten Schlüsselbegriffe als Signalwörter. Sie helfen dir, dich auf das Wesentliche zu konzentrieren. Denk daran: Gib bei Verständnisschwierigkeiten nicht auf! Bleibe ruhig und versuche, mit dem Hören immer wieder neu anzuknüpfen.

Zweiter Prüfungsteil: Leseverstehen/Schreiben

Reading Part 1: Out and About – Notices and Signs

- Read the text of each sign.
- Read the four statements next to it and decide which statement matches the sign.
- Tick ✔ the right statement. Only one of them is correct.

1.

SAY "NO" TO CRIME IN OUR COMMUNITY!

Lock your car at all times.
Don't leave your handbag, your money, your mobile or other valuables in a parked car.
Report any suspicious activities and emergencies to your local police department under 0701011.

A	☐	You can't park your car here.
B	☐	Next to the police department you don't need to lock your car.
C	☐	You should take things that are worth a lot with you.
D	☐	You must call 0701011 if you need more information.

2.

At White Oak Hospital Park:

This hospital park is open to the public.
Please, respect the park rules.
Take your litter home.
No alcoholic drinks allowed.
No skateboarding.
Park closes at dusk.

A	☐	You can't drink beer in the park.
B	☐	You have to buy your drinks in the park.
C	☐	This park is only open to hospital patients.
D	☐	In summer the park is open 24 hours a day.

3.

Dog fouling is litter!

So don't let your dog foul streets, parks or other people's gardens.
Clean up or pay up!
Minimum on-the-spot fine: £ 200

A	☐	You are not allowed to walk your dog in this park.
B	☐	It will cost a lot of money if you don't clean up the dirt after your dog.
C	☐	This sign asks you to use the bins for your litter.
D	☐	It costs £200 a year to use these gardens.

4.

Do not chain your bicycle here. **Cars and lorries have to pass through these gates at all times. Any bikes chained to the gates will be removed at the owner's expense.**	**A**	☐	You mustn't forget to lock your bicycle to the gate.
	B	☐	You cannot park your bike here.
	C	☐	Only cars or lorries can park here.
	D	☐	You can't park here today because the owner is moving.

5.

Yosemite Park Sign: Bear Warning Proper food storage required. Do not keep food in tents or vehicles at night. Free bear-proof storage boxes available at car park entrance.	**A**	☐	This sign tells you how to feed the bears.
	B	☐	You can buy proper food containers at the park reception.
	C	☐	You must keep your food in special containers at night.
	D	☐	There are no bears in this area.

Lösungshilfe

Lies zunächst die Aufgabe in Ruhe durch. Denk daran: Um sie erfolgreich zu lösen, musst du nicht jedes Wort verstehen!
Lies die Hinweisschilder und die dazugehörigen Antwortmöglichkeiten in Ruhe durch. Konzentriere dich auf Schlüsselwörter, die dir bei der Auswahl der richtigen Aussage helfen. Achte besonders auf Modalverben wie *must/must* not, *can/cannot*, *have to*, ... usw.
Im ersten Beispiel könnten folgende Schlüsselwörter markiert werden: "crime – community – don't leave (things) – in car – report emergencies to police." Hier geht es also um die *Vermeidung von Verbrechen* in der *Gemeinde*. *Du sollst (Dinge) nicht im Auto lassen und im Notfall die Polizei informieren*.
Mit dieser Vorgehensweise kannst du die falschen Aussagen sehr schnell erkennen.

Reading Part 2: British Music Festivals

All the people below would like to go to a music festival.

- First read the information about them, then look at the different festivals on the next page.
- Find **two** possible festivals for each of the people below.
- Some festivals can be chosen more than once.
- Write the letters of the festivals in the boxes next to the right person.

No.	Festival 1	Festival 2		The people
6/7				a) **Cameron** lives in London and loves festivals but would like to get away from the mainstream big acts of rock. He loves electronic dance stuff and chill-out music and a bit of folk and jazz. He doesn't want to travel and can't afford more than £60 for a ticket, so for him a festival should be in the city.
8/9				b) **Rebecca** would like to have a weekend away from the big city seeing some great rock bands and enjoying the atmosphere and the music with other people. She can spend up to £200 on this. Unfortunately she won't have time for any festival in August because she is starting a new job then.
10/11				c) **Ben** is a festival-goer who loves all kinds of music – from metal to folk. Now that he is a bit older, music isn't everything. He doesn't want the big crowds and the fast food anymore. He'd prefer something different, with some theatre or the arts. He'd love to take his wife and his little two-year-old child for a festival weekend away in the countryside.
12/13				d) **Megan**, an American student, is spending a year in London and wants to experience a British music festival, but she hates camping in the countryside. She is into folk music and mainstream rock or pop. She likes making music, too. She'd like a festival day or week-end, preferably in London or in another city.
14/15				e) **Liam** loves big festivals with loud music, crowds of people, many different bands, big and famous names, camping in the field – the whole experience. He is prepared to pay quite a lot of money for that. He doesn't like all those arty family festivals with films, talk, etc. For him the perfect festival has to be two or three days of music and partying!

A	**Wilderness Festival; 12–14 August; adults – £ 99/ family ticket – £ 200** This is a very different kind of festival. Far away from the usual crowds and the camping in the dirt, it offers music, food, learning, literature and theatre – all set among the beautiful lakes and parkland of Oxfordshire. Great musicians, theatre artists and celebrated restaurant chefs create this unique experience. Activities for the whole family are organised, including nature walks and boating. Little ones can make use of the children's area with babysitting and games.
B	**Field Day; tickets on sale from £ 25.00** An Indie one-day festival with a dash of electro and dubstep. It is based in Victoria Park, East London, usually organised in early August. On different stages many dance acts will get you into the groove. As well as all the amazing music, Field Day's off-the-wall Village Green area, 'Village Mentality', will supply plenty of good food and drink.
C	**Isle of Wight Festival; 11–12 June; weekend with camping – £ 165.00** Big and friendly festival that mixes famous mainstream rock bands like the Foo Fighters or U2 with newer independent artists and bands – so there's something for everyone. Friendly crowds, great atmosphere, good parties and fantastic countryside. What a weekend!
D	**Bloodstock Open Air; 11–15 August; full weekend with camping – £ 105** The best metal and heavy rock acts from across the globe, over 12,000 fans in a field – that is what you can expect at Bloodstock in August for a weekend of loud and unspoilt Heavy Metal! Over 100 artists including metal legends like MOTORHEAD will perform on three stages over 3 days.
E	**The Bath Folk Festival; 8–14 August; workshop tickets from £ 75** The Bath Folk Festival is a seven-day event with live concerts by over 60 acts from all over the world. You can also take part in workshops or music summer schools in many different places all across the city of Bath. Listen to music or even learn to play folk music with some of the best players in the scene.
F	**Latitude Festival; 14–17 July; weekend camping - £ 177.00; day ticket £ 76.00** The best one when it comes to combining music, art, dance and poetry. A variety of musical artists including some big names and bands, a friendly atmosphere with green fields for camping and lots of things to do for typical festival-goers and families – from all night parties to art talks and activities for the whole family or home-made food from the nearby farms. All this set in the beautiful greens of Henham Park, Southwold.
G	**Wireless Festival; 1–3 July; weekend £ 104.25, day tickets £ 54.25** A festival you can get to by bus - right in Hyde Park, the heart of London. So there's no muddy field and no need to sleep in a tent. Every year this festival offers amazing line-ups with the biggest names of rock and pop. This is the big one you shouldn't miss!
H	**Finnstock (Tickets available now at just £ 7.50 from Tamesis Dock)** Festivals these days are all too expensive, over-hyped and miles away. But this one is different: Finnstock is back in London in August. Right in the middle of the Thames. No great names of mainstream music, but all the best new London bands will be there. Finnstock has everything any festival-goer needs.

Lösungshilfe

Die Aufgabenstellung verrät dir bereits, dass du für jede der vorgestellten Personen zwei Festivals aus dem Angebot A bis H auswählen sollst, die seinen/ihren Interessen und Vorlieben entsprechen.
Dazu ist es unerlässlich, dass du im ersten Arbeitsschritt wichtige Informationen (= Schlüsselwörter) in der jeweiligen Personenbeschreibung markierst. Schlüsselwörter können hier z. B. das Alter, der Musikgeschmack, die Preisvorstellung oder der gewünschte Veranstaltungsort sein.
Bei Person 1 (Cameron) bieten sich beispielsweise folgende Begriffe an: *electronic, chill-out music, folk, jazz, no travel, (no more than) £ 60, in city (London)* – Auf diese Weise kannst du bereits gezielt nach preiswerten Festivals in London suchen. Die Auswahl beschränkt sich so schnell auf B,G und H. Der Musikgeschmack grenzt anschließend die Auswahl (B und H) weiter ein.

* Reading Part 3: The Flash Mob Phenomenon

- Read the text and the statements on the opposite page.
- Put a tick ✔ in the box next to the correct statement.
- For each task only one statement is correct.

The phenomenon of the flash mob – masses of people who meet suddenly and only for a short moment in a public place for an unusual or strange perfomance – began in 2003 and quickly spread to cities all across the world.

Flash mobs are organized through the Internet/social media like Facebook, Twitter or viral e-mails. There have been many examples of popular flash mobs in recent years.

A well known one was the April 2006 Silent Disco in London. At various London underground stations, people gathered with their MP3 players, and started dancing to their music at the same set time. It was reported that more than 4,000 people were dancing silently at London Victoria station alone.

Worldwide Pillow Fight Day followed in March 2008. Over 25 cities around the globe took part in the first "international flash mob", which was the world's largest flash mob to date. According to *The Wall Street Journal*, more than 5,000 people participated and threw pillows at one another in New York City. The event was organized via social networking sites, including Facebook, Myspace, private blogs, as well as by word of mouth, text messaging, and e-mail. Participating cities included Atlanta, Budapest, Chicago, Copenhagen, Melbourne, New York, Paris, Shanghai, Zurich and many more.

Then there was August 29, 2009, when around 13,000 people met in Mexico City to celebrate Michael Jackson's 51st birthday by dancing to his song "Thriller".

Although these spontaneous public meetings are usually organised as peaceful events, some of them are becoming troublesome. In a number of cities, flash mobs have led to vandalism.

Pizza shop owner Joey Rocco from Philadelphia has seen an out-of-control flash mob firsthand. His pizza place is on South Street, in the heart of the city. It is a popular hangout for both kids and tourists.

It was some weeks ago, and Rocco's pizza shop was filling up with customers. "We had the windows open; it was a beautiful night," he says. "People were sitting in the window areas, and I just happened to look out and said 'Wow, the street is really crowded.'" Some say the crowd of youths was in the hundreds. Others say thousands. Rocco says the kids began to jump up and down, and then total chaos broke out. Some of the teens started beating each other up, while others began banging on the windows of his shop. "They were trying to climb in the windows over the people who were dining, so we pushed them out and we locked the front doors," he says. "Whatever they had in mind, to me, it was like a home invasion." In recent months Chicago police have also had many problems with what they call "mob thefts". Large groups of teenagers repeatedly attacked stores on Chicago's North Michigan Avenue – a busy shopping area. Usually between five and as many as thirty 13-18 year-olds meet in front of a shop. They flood inside, one of them gives a signal and then they all grab expensive goods, designer wear or other things and disappear before the police arrive. Police believe these shoplifting attacks are coordinated through text messages. Now they have special officers monitoring social networking sites and others are regularly patroling the shopping district. This strategy is beginning to show results: the number of mob thefts in the area seems to be going down. There are also cases of unintended flash mobs. It happened to a German teenage girl only recently. She put an invitation for her Sweet Sixteen party on Facebook and forgot to mark it as private. Despite public announcements that the party was cancelled, over 1,500 guests made their way to her Hamburg home where local police tried to keep the crowd under control while the birthday girl had to hide somewhere else.

16. Flash mobs …	**A**	☐	started as a phenomenon in 2003.
	B	☐	were only popular for a short period of time.
	C	☐	are usually arranged with the help of the Internet.
	D	☐	both A + C

17. Silent Disco was an organized flash mob …	**A**	☐	at a dance club that opened in 2006 underneath London Victoria underground station.
	B	☐	that saw people dancing to music which only they could hear on their MP3 players.
	C	☐	that happened at only one London tube station.
	D	☐	that saw 4,000 people dancing all over London.

18. Worldwide Pillow Fight Day …	**A**	☐	happened in cities in America, Australia, Europe in 2008.
	B	☐	was the first known international flash mob.
	C	☐	was organized by the Wall Street Journal.
	D	☐	both A + B.

19. On Worldwide Pillow Fight Day …	**A**	☐	more people took part in a global flash mob than ever before.
	B	☐	thousands of people from over 25 cities came to New York to take part in this flash mob.
	C	☐	up to 5,000 people all over the world were throwing pillows at each other.
	D	☐	both B + C.

20. On August 29, 2009 …	**A**	☐	Michael Jackson celebrated his 51st birthday in Mexico City.
	B	☐	13,000 people all over the world were dancing to “Thriller” at the same time.
	C	☐	many thousands of people were dancing to “Thriller” in Mexico City.
	D	☐	both A + B.

21. Joey Rocco’s pizza place …	**A**	☐	is outside the city center, in the south of Philadelphia.
	B	☐	doesn’t normally attract a lot of tourists.
	C	☐	was quite busy on the evening of the incident.
	D	☐	doesn’t allow customers to sit by the windows.

22. Joey Rocco …	**A**	☐	witnessed a flash mob that went violent.
	B	☐	organized a flashmob to make his pizza shop famous.
	C	☐	had over a thousand people in his pizza shop.
	D	☐	had to close his pizza shop down after a flash mob.

23. Chicago …	**A**	☐	has special shops for 13–18 year-olds on North Michigan Avenue.
	B	☐	has had problems with groups of teenagers who started robbing shops.
	C	☐	is the city where teenage groups attacked the local police department.
	D	☐	has a law that doesn't allow more than five teen-agers at the same time into one shop.

24. Chicago police …	**A**	☐	have policemen walking around in the shopping district.
	B	☐	have officers checking social media for signs of flash mob activities.
	C	☐	both A + B.
	D	☐	have managed to stop all mob thefts.

25. In Hamburg …	**A**	☐	a teenage girl planned her own flash mob birthday party.
	B	☐	over 1,500 guests turned up for a birthday party they had read about on Facebook.
	C	☐	some local policemen were also invited to the party.
	D	☐	a birthday girl was very suprised when she opened her door to 1,500 guests.

Lösungshilfe

a) vor dem Lesen:
Bereits die Überschrift verrät dir, dass es in diesem Text um Flashmobs geht, von denen du sicher schon gehört hast. Was weißt du bereits darüber? Worum könnte es gehen?
Mit dieser Erwartungshaltung solltest du alle Ankreuzmöglichkeiten gründlich durchlesen. Gibt es Lösungsvorschläge, die dir unwahrscheinlich erscheinen bzw. die du bereits im Vorfeld ausschließen kannst? Kennzeichne sie.
Markiere außerdem Schlüsselwörter der Lösungsvorgaben (z. B. „Silent Disco“ oder „Chicago“).

b) beim Lesen:
Auch dieser Lesetext ist in verschiedene Abschnitte gegliedert. In der Regel widmet sich jeder Abschnitt einem Aspekt des Themas. Deine markierten Schlüsselwörter (z. B. „Silent Disco“ oder „Chicago“) finden sich in einzelnen (aufeinander folgenden) Abschnitten wieder. Lies also gezielt Abschnitt für Abschnitt.
Achtung: Bei einigen Aufgaben sind zwei Lösungsvorgaben richtig. Lies deshalb immer gründlich und versuche dich zu konzentrieren.

Writing Part 1: Your Photo

You have posted this photo online. Your friend Paul wants to find out more about it.

- React to the comment and answer his questions.
- Write 40–50 words.

Wow! Who is in the picture?
Where was it taken?
What is happening and
How did it feel?

/ 5 P.

Lösungshilfe

Hier wirst du aufgefordert, anhand von Fragen einen zusammenhängenden Text bzw. Kommentar zu einem Foto zu formulieren. Vielleicht werden dir in der Prüfung mehrere Fotos zur Auswahl angeboten. Dann solltest du dich natürlich für das Bild entscheiden, zu dem dir inhaltlich und sprachlich am meisten einfällt. Du sollst dir vorstellen, du selbst hättest das Bild in sozialen Netzwerken gepostet. Du kannst also inhaltlich deine Fantasie nutzen und persönliche Ideen einbringen. Mache dir zu jeder Frage zunächst Notizen auf einem Extrablatt und formuliere sie anschließend aus.

TIPP

Nutze bekannte Redemittel zur Bildbeschreibung! (s. S. 97/98) und beachte die in den Fragen verwendeten Zeitformen und Wörter. Du kannst sie auch in deinen Antworten nutzen.

Writing Part 2: Getting Fit – Einen Brief oder eine Mail verfassen

You have found this message posted on the Internet.

- Write a letter to Tracy and answer her questions.
- Write between 100–160 words.
- Do not use Internet slang.

Help!
The summer is almost here and I'm feeling really bad. I've spent the last three months sitting at home and preparing for my exams and now I'm feeling fat and unfit! My friends and family think I look normal but ... I can't even run for the bus without getting out of breath! So what can I do to feel better? Should I go on a diet? Perhaps I should try some of these magic fat burning pills. Do you think that might work? Should I do some regular exercise? What do you do to keep fit? I'm looking forward to reading your advice. Thanks. Tracy

Hi Tracy,

Inhalt: / 5 P. Sprache: / 5 P. **Gesamt:** / 10 P.

INFO Punktverteilung Writing

Es kann sein, dass in deiner Prüfung die Punkte für *Writing* anders verteilt werden. Insgesamt wird es aber weiterhin 25 Punkte geben.

Lösungshilfe

Diese Aufgabe erfordert, einen längeren zusammenhängenden Antworttext zu schreiben.
Die folgende Schrittfolge soll dir dein Vorgehen erleichtern:

1. Lies die Aufgabenstellung und markiere, **was** (einen Antworttext) du **wem** (Tracy) in **welchem Umfang** (100–160 Wörter) schreiben sollst.
2. Lies nun Tracys Text durch. Unterstreiche ihre Fragen an dich.
3. Fertige auf einem Extra-Blatt eine Ideensammlung zu den fünf Fragen an. Wenn du mindestens zwei bis drei Ideen zur Beantwortung jeder Frage notiert hast, schreibe deine Antwort.
4. Achte auf den Textaufbau (siehe S. 12): Kennzeichne Einleitung, Hauptteil, Abschluss und Grußformel durch Absätze.
5. Lies dir nach Fertigstellung abschließend deine Antwort noch einmal in Ruhe durch. Vielleicht findest du so noch den einen oder anderen Schreibfehler.

* Writing Part 3: Mediation – Options after School

You had this message from an English-speaking friend:

Hi everybody. I am in my last year at school and have no clue what to do with myself after my exams. I'd love to do something different and see more of the world. Any ideas welcome. Thanks, Phil.

- Read the two reports you have found online.
- Choose **one** report.
- Write an e-mail to Phil and tell him about it.
- Say what the person you chose did and mention at least four aspects of their experience.
- Do not translate word for word.
- Write complete sentences.

Josephine, Freiwilligendienst in Peru

Mir war am Ende der zehnten Klasse schnell klar, dass ich nach der Schule nicht sofort an die nächste Schule bzw. die Uni wollte. Ich wollte etwas ganz anderes erleben, eine andere Kultur, ein anderes Land. Da ich Spanisch lerne, wollte ich meine Sprachkenntnisse auch gern dort nutzen und verbessern.
Im Internet fand ich ein 3-monatiges Projekt in Cusco, Peru. Nachdem ich Bilder sah und Berichte von anderen Freiwilligen gelesen hatte, war meine Entscheidung gefallen. Jetzt bin ich seit einem Monat hier und sammle täglich fantastische Erfahrungen. Meine Gastfamilie hat mich sehr freundlich aufgenommen. Ich habe ein kleines gemütliches Zimmer nicht weit von meinem Projektarbeitsplatz.

Das ist ein Kindergarten. Dort arbeite ich von ca. 9-13 Uhr an vier Tagen in der Woche. Ich helfe der Erzieherin, die dort für 16-20 Kinder verantwortlich ist. Meine Aufgaben sind es, mit den Kindern zu spielen, ihnen etwas vorzulesen – auf Spanisch und manchmal sogar auf Englisch, mit ihnen Bilder zu malen und zu basteln. Gerade bereiten wir ein Fest für Eltern und andere Familienmitglieder vor. Das ist sehr kreativ. An meinen freien Tagen reise ich durchs Land und lerne Menschen und Kultur kennen: Ich war sogar schon am Titicacasee in 4.000 m Höhe. Unglaublich! Außerdem mache ich noch einen Spanischkurs und einen Kochkurs. Die peruanische Küche ist fantastisch und ich hoffe, ich kann meine Familie zu Hause damit begeistern. Heimweh ist für mich kein großes Problem. Die drei Monate gehen viel zu schnell vorbei und zum Glück gibt es das Internet.

Ich bin jeden Tag froh über meine Entscheidung für den Freiwilligendienst und werde jetzt schon traurig, wenn ich an mein Abflugdatum denke. Die Erfahrungen hier werden mich auf jeden Fall auf meinem weiteren Lebensweg begleiten.

Felipe, Au-pair aus Spanien

Ich bin 18 und vor drei Monaten aus Spanien nach Deutschland gekommen. Ich wohne bei meiner Gastfamilie in Tempelhof, in Berlin.

Irgendwie kam meine Entscheidung, Au-pair zu werden, ganz plötzlich. Ich war mit der Schule fertig und hatte noch keine Ausbildung. Außerdem wollte ich mehr von der Welt sehen und hatte in der Schule Deutsch gelernt. Also dachte ich – warum nicht Deutschland? Meine Freunde waren überrascht – Au-pair – das ist doch Mädchensache … Aber warum? Ich habe vier kleine Geschwister zu Hause – dann lernt man schon mit Kindern umzugehen.

Am Anfang war da schon ein bisschen Kulturschock – mein Deutsch war längst nicht so gut, wie ich dachte. Aber wir haben uns zu Hause irgendwie mit Händen und Füßen verständigt. Meine Gastmutter kann zum Glück auch etwas Spanisch. Natürlich habe gleich einen Deutschkurs begonnen und jeden Abend drei Stunden gelernt. Das hat geholfen. Mit meinen Gastkindern komme ich sehr gut klar – zwei Jungen im Alter von 5 und 8. Da ist vielleicht auch ein männlicher Au-pair ganz gut. Wir spielen zusammen, ich hole sie von der Kita oder Schule ab, wir machen Hausaufgaben und ich helfe im Haus beim Aufräumen und Einkaufen. Eigentlich genauso wie in meiner Familie in Spanien. Außerdem habe ich Zeit, Berlin und Deutschland kennen zu lernen. An freien Abenden gehe ich gern ins Theater oder treffe mich mit meinen neuen deutschen Freunden. Letzte Woche waren wir in Dresden, haben die Stadt besichtigt und in zwei Wochen nimmt mich meine Gastfamilie mit an die Ostsee. Nur jetzt im Herbst vermisse ich das Wetter in Spanien.

Ich würde die Au-pair-Tätigkeit definitiv empfehlen – auch für Jungen. Man lernt viel über andere Kulturen und sich selbst, wird unabhängiger, ist aber trotzdem Teil einer Familie.

Inhalt:	/ 5 P.	Sprache:	/ 5 P.	**Gesamt:**	**/ 10 P.**

Lösungshilfe

Bei der Lösung dieser Mediationsaufgabe helfen dir die folgenden Schritte:

1. Lies die Aufgabenstellung genau durch und markiere dir:
   Zu welchem Zweck **(warum?)** sollst du Informationen in die englische Sprache übertragen? (Hier ist es das Ziel, eine E-Mail zu verfassen, in der du dem Schüler Phil ein Auslandsprojekt beschreibst, an dem er nach Beendigung der Schule teilnehmen kann.)
   Was soll beschrieben werden? (Du sollst beschreiben, was die von dir ausgewählte Person im Ausland tat sowie mindestens vier Aspekte bzw. Erfahrungen benennen, die für die Person damit verbunden waren.)
2. Du sollst also aus zwei Berichten einen auswählen, von dem du ihm erzählst.
   Lies nun mit dieser Fragestellung beide Texte in Ruhe durch.
3. Deine Auswahl sollte die sprachlichen Anforderungen der beiden Texte berücksichtigen.
   Prüfe, welchen Text du recht gut ins Englische übertragen könntest.
   Wo schätzt du deine Kenntnisse in Bezug auf die erforderlichen sprachlichen Mittel besser ein?
   Gibt es einen Text, bei dem du auf den ersten Blick erkennst, dass du viele der wichtigen Hauptwörter (Nomen, Verben, Adjektive) nicht übersetzen könntest? Lass ihn weg!
4. Markiere nun in dem ausgewählten Text **wichtige** Informationen.
   Die fünf W-Fragen können dir dabei helfen: **Wer**, **Wo**, **Wann**, **Was**, **Wie**?
5. Nimm einen Schmierzettel und übertrage diese Informationen, die du zu den W-Fragen ermittelt hast, ins Englische. Nutze die Arbeitstechniken auf S. 13, um unbekannte Wörter zu umschreiben. Denk daran, dass du nicht jede Information wortwörtlich übersetzen musst!
6. Schreibe nun deinen Antwortbrief. Schreibe **vollständige** englische Sätze.

A 3 Angeleiteter Test 2

Erster Prüfungsteil: Hörverstehen

Listening Part 1: Answerphone Messages

Track 5

You are going to hear two answerphone messages.

There are two questions for each message.

- Look at the pictures and listen to the recording.
- Choose the correct picture and put a tick ✔ in the right box.
- You can listen to the recording twice.

Answerphone Message 1

1. What does Daniel's mum want him to do?

A ☐

B ☑

C ☐

D ☐

2. When will Daniel's mum be home?

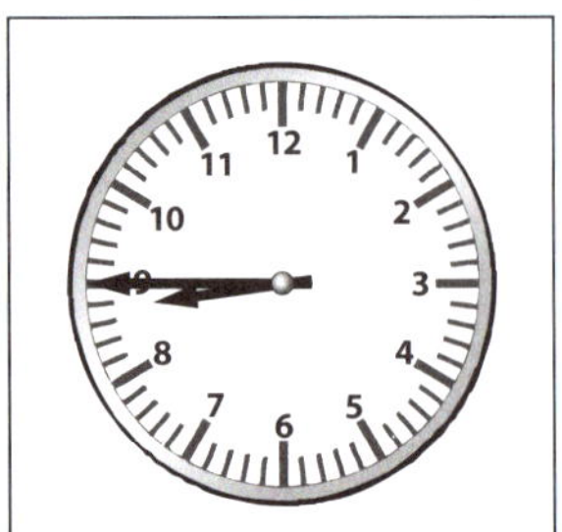

A ☐

B ☐

C ☐

D ☑

Answerphone Message 2

3. What can Stacy collect from the department store?

A

B

C

D

4. Where and when can Stacy collect her order?

A

B

C

D

Lösungshilfe

In dieser Aufgabe geht es darum, Nachrichten auf Anrufbeantwortern im Detail zu verstehen. Die folgende Schrittfolge wird dir helfen, diese Aufgabe zum Hörverstehen erfolgreich zu lösen:

1. Lies die Aufgabenstellung und die Fragen zunächst in Ruhe durch. Schau dir die Bilder gut an.
2. Unter den Bildern findest du dieses Symbol. Beschrifte die Bilder an diesen Stellen mit Schlüsselwörtern, auf die du im Hörtext achten solltest. Schreib z. B. die Uhrzeiten an die Uhren und sprich sie dir leise vor. So fällt es dir leichter, alles zu verstehen.
3. Bei Message 2 solltest du in Aufgabe 4 wichtige Informationen auf den Schildern markieren – hier geht es um das korrekte Verständnis der Etage und der Öffnungszeiten.
4. Generell gilt: Keine Panik, wenn du beim ersten Hören nicht jedes Detail verstehst! Beim zweiten Durchgang wirst du die fehlenden Informationen ganz sicher ergänzen können.

4/4

Listening Part 2: Radio Spots

Track 6

You are going to hear four radio spots.

- Read the statements below and listen to the recording.
- Tick ✔ the correct statement for each spot.
- You can listen to the recording twice.

5. (Spot 1)
This radio spot …

A	☐	wants runaway children to contact their parents.
B	☒	wants to find people who have information about a missing blonde girl.
C	☐	wants people to look out for children who are missing.

6. (Spot 2)
This advert is offering help …

A	☒	to people who are addicted* to computer games or other things.
B	☐	to boys who are shy and need help with flirting.
C	☐	to young people who get bullied at school.

7. (Spot 3)
This radio spot is about …

A	☐	helping small children who don't have parents.
B	☐	adopting a zoo animal.
C	☒	saving penguins.

8. (Spot 4)
This radio spot advertises …

A	☐	the premiere of a new play performed by the local theatre group on August 24.
B	☐	a unique market where you can buy everything to do with music.
C	☒	an arts and music festival in August.

***addicted** – to spend an unhealthy amount of time on something

Lösungshilfe

Hier sollen die Hauptaussagen von vier Radiospots verstanden werden. Die folgenden drei Schritte helfen dir, dich auf Wesentliches zu konzentrieren:

1. Lies die Aufgabenstellung und die Lösungsvorgaben genau durch.
2. Markiere Schlüsselwörter (Nomen und Verben), die dir später beim Hören als Signalwörter dienen und die dir das Textverständnis erleichtern können.

Achte beim Hören auch darauf, an wen sich der Spot richtet, d. h., wer tatsächlich angesprochen wird. Das erleichtert die Lösung.

Listening Part 3: A Great Barrier Reef Day Cruise

Track 7

- You are going to hear part of a guided tour of the Great Barrier Reef.
- You can listen to the recording twice.
- Complete the table below using keywords.

facts about the size of the reef (2): **9.** - 800 **10.** - 1000 km	one activity on the tour: **14.** Skiving, [redacted] ______
sea life around the reef (2 examples): **11.** ~~delphin~~ Wal, dalpin **12.** ~~100 ailens~~ Zorbis Fisch	what you learn about corals: **15.** - See life - fishing
number of visitors every year: **13.** ______	rule for divers at the reef: **16.** - dont tuch

Lösungshilfe

Bei dieser Aufgabe solltest du vor dem Hören unbedingt die Überschrift und die in der Tabelle vorgegebenen Aspekte durchlesen, um zu erfassen, worauf du genau achten sollst. Es geht um das Great Barrier Reef in Australien. Weißt du bereits etwas darüber? Welche Meeresbewohner wird es dort vermutlich geben? Was, glaubst du, dürfen Taucher dort nicht tun?
Beim ersten Hören bewahre Ruhe. Du musst auch hier nicht alles sofort verstehen. Markiere nach dem ersten Hören die Kästchen, auf die du beim zweiten Durchgang noch einmal genauer achten musst.

2/9

* Listening Part 4: Teenage Ganglands

Track 8

You are going to hear part of a radio talk about teenage gangs.
There are four people talking: a presenter, Edna, Matt and Pauline.

- Read the statements below and listen to the recording.
- Put a tick ✔ in the box next to the correct statement.
- In each task only one statement is correct.
- You can listen to the recording twice.

17. One of the studio guests on the show …	A	☒	is a thirteen-year-old teenager from Hackney.
	B	☐	works in a prison for criminal teenagers.
	C	☒	has written a book about teenage gangs.

18. There are reports of …	A	☐	over 150 violent knife attacks in different London areas last year.
	B	☒	growing problems with teenage knife attacks and active youth gangs.
	C	☒	over 150 gangs operating in different London areas.

19. Pauline joined the gang …	A	☒	because her mother had left the family.
	B	☒	when she was 13 years old.
	C	☒	because her boyfriend got her into it.

20. Edna worries about her son Jamie …	A	☒	because he goes out and doesn't tell her what he's doing.
	B	☒	because she lost her older son in a gang fight when he was 13.
	C	☐	because he has been in many fights at school.

21. Matt thinks that …	A	☒	Jamie's behaviour is quite normal and not that worrying.
	B	☒	teenagers who don't talk much to their parents are at risk of becoming a gang member.
	C	☒	it's normal for teenagers to change their style and all their friends quite often and quite suddenly.

Zelal can

22. Edna says that …	**A**	☐	she and Jamie often argue or fight at home.
	B	☒	Jamie suddenly had a lot of money.
	C	☒	she hasn't seen Jamie with any new phone or other gadget recently.

23. Pauline's gang …	**A**	☒	made her feel she was in a big family.
	B	☐	stole a few little things but never acted violently.
	C	☐	specialised in stealing mobile phones.

24. Pauline thinks that Edna …	**A**	☐	should buy Jamie a new mobile phone so that she can always contact him.
	B	☒	should check on Jamie more often and watch all his actions closely.
	C	☒	shouldn't worry too much about her son and should give him some freedom.

25. Pauline …	**A**	☐	was lucky that she was still at school and didn't have to go to prison.
	B	☒	has been in prison and is now working with young people and children.
	C	☒	is still a gang member but is trying to get out with community help.

Lösungshilfe

Die Überschrift und die Aufgabenstellung verraten dir bereits, dass es im folgenden Hörtext um eine Radiodiskussion zum Thema „Jugendbanden/Jugendgangs" gehen wird. Stelle dich gedanklich auf dieses Thema ein und lies nun die Lösungsvorgaben genau durch. Nur eine der Aussagen stimmt jeweils. Auch hier hilft es, Schlüsselwörter (Nomen, Verben, Ziffern/Zahlen) farbig hervorzuheben. Im ersten Beispiel wird es dir so leichter fallen herauszuhören, ob der Sprecher über 150 <u>Messerattacken</u> oder doch eher über 150 <u>Jugendgangs</u> berichtet.

19

Zweiter Prüfungsteil: Leseverstehen/Schreiben

Reading Part 1: Travelling Around – Signs and Notices

- Read the text of each sign.
- Read the four statements next to it and decide which statement matches the sign.
- Tick ✔ the right statement. Only one of them is correct.

1. London Underground Safety Notice

Please,
stand on the right of the escalators,
hold the handrail and
keep clear of the edges.
Take care of children.
Dogs must be carried.

A	☐	This sign warns you about dangerous dogs.
B	☐	This sign tells you how to use the escalator safely.
C	☐	This sign warns that children shouldn't use the escalator.
D	☐	You can't take dogs on the escalator.

2. London Underground

Bicycles are not permitted
on the London Underground
between 07.30 and 09.30 and between
16.00 and19.00 on weekdays and can't
be taken on the moving escalators.
At all other times you can take bicycles on the
designated sections of the trains.

A	☐	This sign tells you where to park your bicycle.
B	☐	Bicycles are generally not allowed on the London underground.
C	☐	The escalators don't work weekday mornings and afternoons.
D	☐	On Sundays you can take your bike on an underground train all day.

3. At a Greater London train station

Have you paid?
If you can't produce a valid ticket when asked by a ticket inspector you will be charged a penalty fare of £ 20 or double the amount of a single ticket. So don't forget to buy a ticket before you travel.

A	☐	You should buy a ticket before you get on the train.
B	☐	You can buy your ticket on the train.
C	☐	You can only buy single tickets over £20 on the train.
D	☐	There are no ticket inspectors on the trains.

4. At the airport

Can your hand luggage travel with you? Then it should • be light enough for you to carry and lift without help. • not contain any sharp, dangerous or explosive items, e. g. knives, gas lighters, scissors etc., • not contain any liquids over the permitted 100 ml amount.	**A**	☐	You shouldn't lift heavy hand luggage without help.
	B	☐	You can't carry knives or scissors in your hand luggage.
	C	☐	Your hand luggage shouldn't weigh more than 500g.
	D	☐	You can carry as much liquid as you like with you, but only in your hand luggage.

5. In a hotel room

We will provide you with fresh towels every day. But remember, washing and drying towels uses a lot of energy. So help to save energy by using your towels again. If you want your towels replaced, place the used ones on the floor.	**A**	☐	If you reuse your towels, you can help the environment.
	B	☐	You can't have fresh towels every day.
	C	☐	These towels are not good for drying.
	D	☐	You can use these towels for drying the floor.

Lösungshilfe

Diese Art der Zuordnungsaufgabe ist dir bereits bekannt. Du weißt, dass es hier darauf ankommt, die korrekte Aussage des Hinweisschildes aus einem Angebot von vier Vorgaben auszuwählen.
Der Teufel steckt hier wieder im Detail. Achte deshalb auf die folgende Schrittfolge:

1. Lies das Schild genau durch.
2. Markiere in den Lösungsvorgaben Schlüsselwörter
   Bsp. 1) A: warn – dangerous dogs
   B: how – use escalator
   C: children – not – use escalator
   D: not take – dogs – on escalator

Bei dieser Vorgehensweise erkennst du sehr schnell, welche Aussage die richtige ist.

Reading Part 2: The Perfect Job

All the people below would like to work.

- First read the information about them, then look at the different jobs on the next page.
- Find two possible jobs for each of the people below.
- You can choose some jobs more than once.
- Write the letters of the jobs in the boxes next to the right person.

No.	Job 1	Job 2		The people
6/7				**Lauren** has just had a child. She wants to start work again but would prefer evening work so she can look after the child during the day. Lauren would be happy with part-time work. She used to be a bus driver, so a driving job would be great. She has good social skills and is also happy working with people.
8/9				**Martin** wants to find paid work for which he doesn't have to sit in one place all day. He doesn't mind irregular working hours, but it shouldn't be a tiring outdoor job. Martin has a driving licence and speaks French fluently. He enjoys contact with people but doesn't want to work with teenagers or kids.
10/11				**Kylie** is training to be a teacher and would like to get some more experience before she starts the final year of her course. She loves working with children and young people and is quite flexible with her working times. Pay is less important to her than finding the right kind of work.
12/13				**Kevin** doesn't mind what job he does as long as it is full-time and pays well. He is planning to go to Australia after the summer, so he needs money for this. He also wants enough money to do his driving licence before. He has no problem getting his hands dirty doing physical work.
14/15				**Alice** is a French student living in London. She'd like to work at weekends or during her summer holidays. Pay is important because London is expensive. Alice wants to work with other people. She would do all kinds of things – teaching, office work or hard, physical work. However, she doesn't drive and she doesn't feel confident with teenagers and young adults.

A) Farm help needed
Who wants to spend a summer month on a Kent farm and earn good money? If you are not afraid of hard work – from feeding animals to working the fields, come and work for us! We offer good pay, food and farm accommodation. We are also known for our lively and friendly working atmosphere as we always have ten or more farm helpers from different places.

B) Summer Camp
Summer camp for young people (aged 12 to 16) with difficult social backgrounds is looking for volunteers. Make a difference – work with young people, organise activities like boating or games and have fun with young people. This could be a unique experience for anybody who loves working with people and a great addition to your CV. The pay isn't great but we offer free food and accommodation in the camp.

C) Help!
My husband and I have just found out that we have to move to France in September.
So we need help – help with packing all our stuff here and help with getting organised in France. So can you teach us a bit of French? Can you help us to understand and write letters in French? And – are you organised enough to help us with the packing? If you could spare one or two days a week or a weekend instead, that'd be great. Some help with driving to France is also needed. Good pay is guaranteed.

D) We are looking for flexible, reliable people to deliver sandwiches to our late-night stores in the evenings and at some weekends. A valid driving licence is necessary. No heavy lifting is involved. Good pay.

E) Evening help needed. "The Alternative Restaurant" is a project run by teenagers and young adults who have been in trouble with the police. We are looking for someone with good people skills who can help to organise these young workers in the restaurant. No cooking skills needed. Three to four evenings a week. Fair pay.

F) Cleaning company looking for help during the summer in large office building. This is hard, physical work. You will often work on your own so you must be a self-motivator. Good pay and lots of extra hours of work available for the right person.

G) A travel company which specialises in holidays to France is looking for an enthusiastic person to help us in our office. The successful applicant will have good French and English skills. We are a friendly team and offer good pay. This is a summer job only.

Lösungshilfe

In dieser Zuordnungsaufgabe geht es darum, für fünf Menschen jeweils zwei passende Jobs auszuwählen. Um diese Aufgabe zügig und erfolgreich zu lösen, solltest du zunächst die Beschreibungen der einzelnen Personen (S. 42) durchlesen und Schlüsselwörter farbig markieren. Als Schlüsselwörter gelten hier Informationen, die für die Wahl eines Jobs wesentlich sind, z. B. gewünschte Arbeitszeiten, Interessen und Gehaltsvorstellungen. Bei Lauren, der ersten Person, könnten das folgende Informationen sein: „evening work“, „part-time“, „driving“, „good social skills“, „with people“. Mithilfe dieser Schlüsselwort-Methode sollte es dir nun recht leicht fallen, zwei passende Beschäftigungen für Lauren und die anderen Jobsuchenden zu finden.

* Reading Part 3: Is Facebook Killing the School Reunion?

- Read the text and the statements on the opposite page.
- Put a tick ✔ in the box next to the correct statement.
- For each task only one statement is correct.

How many kids? How successful? What's my old flame doing now? Who's got fat? Who made a million? What happened to the strange boy with the pink hair?

These used to be everybody's thoughts before a long-awaited high school or college reunion. For many decades the routine has stayed the same: former classmates meet up after 10 or 20 years, catch up on their lives, settle old disagreements or renew them and exchange stories of the good old days.

Surely you have seen one of those movie scenes, where ex-high school princess, who has hit hard times, meets cool, successful guy with supermodel girlfriend at reunion and finds out that he was the boring loser she made fun of way back. Think of the scenes where people pretend to be cooler, richer, more successful than they really are ...

Now anybody will find lying difficult. Thanks to social networks, everyone already knows. So the option to find former classmates through Facebook, Twitter, LinkedIn and other networking sites might be the end of the organised school reunion. Facebook was created for college students to get in touch with each other. It has helped people stay connected online so well that it might be stopping people from going to real-world class reunions.

Marc Gervase graduated from Philadelphia's Strath Haven High School in 2001. He had no plans to go to his 10-year reunion. "I already know what everyone is doing," he says. "If I needed to find out, I could contact them or find them through the usual methods – Facebook or Twitter updates."

It seems he's not the only one. With almost a third of the US population being Facebook users, people don't need to see each other to keep in touch. "Ten years ago, you would've gotten maybe 250 people at a 10-year reunion," says Joanna Erdos, vice president of L.A.'s John Marshall High School alumni association. "I recently attended a 10-year where there were 94 people. There was another one where I heard the attendance was only 43."

Mark Silva, CEO of Great Unions, one of the nation's largest reunion planning companies, says attendance numbers at 10-year reunions are falling across the country. People are staying in touch through networking sites, so Silva is changing his marketing slogan to "Unplug for a night."

"There are a lot of people who believe that Facebook is good enough, and they don't want to get together. Well, we try to educate them about, I guess you'd call it, real personal connections," Silva says.

He points out that Facebook could help with those real personal connections. If you get past the "What are you doing?" formalities on a website, you can start telling people what you really think in person, meet and talk to them eye to eye.

Reunion planners claim there's no substitute for that kind of face-to-face, grown-up connection. Technology comes and goes, they say, but reality stays. So let's hope school and college reunions will survive outside the virtual world.

16. In the past people went to high school reunions ...	**A**	☐	to find out more about former schoolmates.
	B	☐	to talk about their old school days.
	C	☐	because they had to do this every 10 years.
	D	☐	both A + B.

17. Movies about high school reunions ...	**A**	☐	are not fashionable anymore.
	B	☐	often show people who lie about themselves or people who have changed completely.
	C	☐	are making these reunion balls more popular.
	D	☐	both B + C.

18. Social networking sites ...	**A**	☐	were often created to enable students to stay connected.
	B	☐	make a reunion less exciting.
	C	☐	are helping people to lie about themselves.
	D	☐	both A + B.

19. Marc Gervase ...	**A**	☐	is planning to organize a reunion 10 years after he left college.
	B	☐	isn't going to his reunion because it is too early and he'd like to wait at least ten years.
	C	☐	knows enough about his former classmates from the Internet and isn't planning to meet them.
	D	☐	isn't happy about all the Facebook and Twitter updates.

20. In the USA ...	**A**	☐	over 50% of the population are on Facebook.
	B	☐	many people don't want to stay in touch after they've left college.
	C	☐	approximately one in three people is a Facebook user.
	D	☐	the number of people who go to high school is falling dramatically.

21. Joanna Erdos ...	**A**	☐	went to a 10-year reunion with 94 people.
	B	☐	thinks that 43 people is a very small number for a reunion.
	C	☐	was happy that her 10-year reunion had 250 people.
	D	☐	both A+B.

22. Mark Silva ...	**A**	☐	works for a company that organises reunions.
	B	☐	is planning to go to a high school reunion next year.
	C	☐	works for a company that is trying to make Facebook even more popular.
	D	☐	used to be a Facebook user but has deleted his profile now.

23. The number of people attending reunions ...	**A**	☐	has started to grow again slowly since last year.
	B	☐	is falling all over the USA.
	C	☐	is only going down in the big cities.
	D	☐	has risen with the help of social networking sites.

24. Mr Silva believes ...	**A**	☐	that Facebook has killed the reunion idea.
	B	☐	that Facebook and reunions don't exclude one another but "help" each other.
	C	☐	the people will learn that real world personal connections are better than virtual ones.
	D	☐	both B+C.

25. Reunion planners like Mr Silva say that ...	**A**	☐	having online connections is never the same as meeting and talking to people in person.
	B	☐	filling in all these forms on a website is making most people angry.
	C	☐	both A+B.
	D	☐	the technology of some social websites isn't good enough.

Lösungshilfe

Um die erforderlichen Textdetails zügig zu erfassen und die anschließenden Multiple-Choice-Aufgaben erfolgreich zu lösen, kann dir die folgende Schrittfolge behilflich sein:

1. Lies die **Überschrift** genau durch. Worum könnte es in dem Text gehen? Was weißt du über Facebook? Welchen negativen Einfluss könnte es möglicherweise auf Klassentreffen haben?
2. Mit diesem **Vorwissen** mache dich mit den Lösungsvorgaben vertraut. Gibt es Antwortmöglichkeiten, die du bereits ausschließen kannst bzw. für unwahrscheinlich hältst? Markiere sie. Hebe im Satzanfang jeder Lösungsvorgabe das Hauptwort/Subjekt des Aussagesatzes farbig hervor. (z. B. "people","movies").
3. Diese markierten Wörter findest du in den Textabschnitten leicht wieder und im Anschluss daran auch die Informationen, die du zur Lösung der Aufgabe brauchst.
4. Hilfreich ist auch das Hervorheben wichtiger Schlüsselwörter in den Vorgaben A–D. Es erleichtert dir die schnellere Orientierung bei der Texterschließung.

Besonders aufmerksam solltest du Textpassagen lesen, deren Inhalt möglicherweise mit zwei Vorgaben richtig wiedergegeben wurde.

* Writing Part 1: Your Photo

You have posted this photo online. Your friend Cath wants to find out more about it.

- React to the comment and answer her questions.
- Write 40–50 words.

Wow!
Did you really do this?
Where was it taken?
Were you alone?
Did you enjoy it?

/ 5 P.

Lösungshilfe

Auch bei diesem Foto ist es wichtig, sich zuerst einmal die dargestellte Situation genau anzuschauen. Was ist hier passiert, wer war dabei? Lass deiner Fantasie freien Lauf.
Notiere wieder alle Fragen auf einem Extrablatt und schreibe dir Ideen dazu auf. Diese Notizen kannst du nutzen, um deinen zusammenhängenden Text zu verfassen.

Writing Part 2: A Class Trip to Berlin

You have found this message posted on the Internet.

- Write a letter to Gavin and answer his questions.
- Write between 100–160 words.
- Do not use Internet slang.

Hi guys,
I'm in my final year at school and we are planning a last class trip. My idea is Berlin. I've heard it's such a cool city. So I need some insider tips: What would be a good time to visit Berlin? I'm sure it's a big city and we want to stay somewhere cool and central. So what's the best area for us to stay? Are there any dangerous places we should not go to? And what are the top three "must-sees" for teenagers like us in your opinion? Please, I'm waiting for your ideas.
Thanks. Gavin (16, from Dundee, Scotland)

Hi Gavin,

Inhalt:	/ 5 P.	Sprache:	/ 5 P.	**Gesamt:**	**/ 10 P.**

Lösungshilfe

Finde zunächst heraus, **wem** du **was** in **welcher Form** schreiben sollst. Markiere anschließend die Fragen in der Mail, auf die du in deinem Antwortschreiben eingehen sollst. Im nächsten Schritt notiere auf einem Extra-Blatt zu jeder Frage einige Ideen, die dir später das zügige Schreiben erleichtern.
Achte während des Schreibens darauf, dass du deinen Antworttext sinnvoll gliederst und die einzelnen Fragen in Abschnitten beantwortest. Vergiss nicht, deinen Brief/deine Mail angemessen zu beenden (s. S. 12).

* Writing Part 3: Mediation – Summer Jobs

Your English-speaking friend Jazz would like to spend the summer holidays in Germany. He/She loves animals and is looking for a summer job. He/She has asked you for help.

- Read the two reports which you have found on the Internet.
- Choose **one** report.
- Write an e-mail to your friend Jazz telling him/her about the kind of work he/she could do.
- Say what the farm assistant does and mention at least four aspects about the job with kids and/ or animals.
- Do not translate word for word.
- Write complete sentences.

Jobben auf dem Reiterhof

Der Ferien- und Reiterhof Bendfeldt in Grömitz ist ein Familienbetrieb. Seit vielen Jahren werden auf dem Bauernhof Feriengäste betreut, die sich an der frischen Land- und Seeluft erholen wollen. Neben dem Hotelbetrieb betreibt die Familie aktive Landwirtschaft, Viehzucht und einen Reitbetrieb. Da fällt natürlich jede Menge Arbeit an, für die man Unterstützung sucht. Deshalb geben die Besitzer seit Jahren immer wieder jungen Helfern die Möglichkeit, die Arbeit auf dem Hof näher kennen zu lernen und tolle Erfahrungen für das Berufsleben zu sammeln. Im Vordergrund steht dabei der Pferdejob im Reitbetrieb. Die 11 Ponys und Pferde müssen täglich versorgt werden und für das anstehende Kinderprogramm, den Reitunterricht oder Ausritte vorbereitet werden. Aber auch weitere spannende Aufgaben, die im täglichen Umgang mit den Pferden anfallen, warten dort auf dich. Als zusätzliches Extra kannst du nebenbei tolle Erfahrungen im pädagogischen Bereich sammeln, wenn du bei der Kinderbetreuung am Vor- und Nachmittag mithilfst.
Wie sieht dein Tag aus? Der Tag beginnt mit der Versorgung der Pferde am Morgen: das Füttern der Pferde, das Einstreuen der Ställe sowie die Vorbereitung der Ponys für die allmorgendlich stattfindende Ponyführrunde mit den Ferienkindern. Wenn du sehr gute Reiterfahrung hast, kannst du auch selbst bei Reitstunden helfen. Auch das Putzen und Waschen der Pferde, sowie das Raus- und Reinholen von der Wiese wird zu deinen täglichen Aufgaben gehören.
Natürlich kannst du auch Ausritte begleiten und bei guten Reitkenntnissen selbst reiten.

Quelle: https://www.farmarbeit.de/pferdejob-groemitz.html (aus didaktischen Gründen verändert)

Kinderbauernhof Marienhof

Unser Kinderbauernhof in Ribbeck bei Berlin ist das Zuhause von vielen verschiedenen Tieren. Die Kinder werden mit in den Tagesablauf auf dem Bauernhof einbezogen und übernehmen dabei die Pflege und Fütterung der Tiere. Schafe, Ziegen, Ponys, Hasen und alle anderen Tiere, werden unter deiner Anleitung von den Kindern versorgt. Natürlich bekommst du vorher eine Einweisung. Außerdem ist täglich ein Ansprechpartner auf dem Hof um euch zu unterstützen. Neben der Tierpflege gibt es ein Wochenprogramm, welches von dem Betreuerteam durchgeführt wird. Aber es gibt auch Zeiten oder Regentage, in denen deine Kreativität gefordert wird.
Maximale Belegung sind 50 Kinder zwischen 6 bis 12 Jahren. Die Kinder und ihre Betreuer übernachten auf einem selbst gestopften Heusack und eigenem Schlafsack in zwei verschiedenen Unterkünften, dem Landhaus Dora oder dem Holzrundhaus.
Für die Ferienzeiten werden junge Leute gesucht, die folgende Voraussetzungen mitbringen:

- du bist mindestens 18 Jahre alt
- du bist von deiner Persönlichkeit aufgeschlossen, selbstbewusst, belastbar und teamfähig
- du findest dich schnell und unkompliziert in neuen Situationen zurecht
- du kannst Verantwortung für dich selbst und die dir anvertrauten Kinder übernehmen
- du bist in der Lage, die Kinder bei Konflikten zu unterstützen
- du magst Tiere, traust dir (nach Einweisung) die Versorgung der Tiere mit den Kindern zu und kannst ihnen einen verantwortungsvollen Umgang mit Tieren vermitteln.

Vergiss nicht, dass Kinder auch mal laut und anstrengend sein können – dass du wenig Privatsphäre haben wirst, weil du bei den Kindern schlafen wirst – dass viel Kraft und Aufmerksamkeit von den Kindern gefordert wird – dass dies nicht nur Ferien für dich sind, sondern ein anstrengender Job! Kost und Logis sind frei.
Du erhältst 125,00 € für Anfahrtskosten und Ausgaben. Nach der Anmeldung senden wir dir weitere Informationen.

Quelle: http://www.marienhof-ribbeck.de/betreuersuche.htm (aus didaktischen Gründen verändert)

Inhalt: / 5 P. Sprache: / 5 P. **Gesamt: / 10 P.**

Lösungshilfe

Finde zunächst heraus, zu welchem Zweck du welche Informationen ins Englische übertragen sollst. Auch hier geht es wieder darum, einen Text auszuwählen, in diesem Fall um einen Sommerjob für Jugendliche. Deine Aufgabe ist es, den Sommerjob deiner Wahl kurz zu benennen und durch vier wichtige Detailinformationen näher zu beschreiben.

Markiere nun die Hauptinformationen, bevor du sie auf einem Notizzettel ins Englische überträgst.

Die Tippsammlung (S. 13) verdeutlicht dir noch einmal Möglichkeiten, unbekannten Wortschatz in der Fremdsprache zu umschreiben.

A 4 Test 3

Erster Prüfungsteil: Hörverstehen

Listening Part 1: Out Shopping

Track 9

You are going to hear two announcements.

There are two questions for each announcement.

- Look at the pictures and listen to the recording.
- Choose the correct picture and put a tick ✔ in the right box.
- You can listen to the recording twice.

Announcement 1: In a department store

1. What can you buy in the special sale?

A ☐

B ☐

C ☐

D ☐

2. Which sign can be seen on the 3rd floor?

A ☐

B ☐

C ☐

D ☐

Announcement Two: Lost in the shopping centre

3. Which of these boys is Jason?

A ☐	**B** ☐	**C** ☐	**D** ☐

4. What number should you call when you see/find him?

0213444565	0123345666	0213555464	2136664543
A ☐	**B** ☐	**C** ☐	**D** ☐

Listening Part 2: Radio Spots

Track 10

You are going to hear four radio spots.

- Read the statements below and listen to the recording.
- Tick ✔ the correct statement for each spot.
- You can listen to the recording twice.

5. (Spot 1)
This advert ...

A	☐	asks people to go for regular skin check-ups.
B	☐	tells people how to protect their skin from the sun.
C	☐	gives you the weather forecast for the next few days.

6. (Spot 2)
This advert is telling people ...

A	☐	how to keep fit and stay young.
B	☐	that they should learn foreign languages.
C	☐	how important it is to learn English.

7. (Spot 3)
This radio ad ...

A	☐	is for pupils who get bad marks and are worried about their exams.
B	☐	warns young people about the dangers of Facebook.
C	☐	offers help to pupils who get bullied by their peers.

8. (Spot 4)
This radio spot asks people ...

A	☐	to give money to an animal shelter.
B	☐	to give their dogs a good run outside every day.
C	☐	to call if they have information about badly treated animals.

Listening Part 3: A Travel Podcast/Welkommen to Berlin

Track 11

- You are going to hear a travel podcast about a place called Berlin.
- You can listen to the recording twice.
- Complete the table below using keywords.

where it is: **9.** ____________	Amish lifestyle: **14.** ____________
population: **10.** ____________ ____________	Why the Amish came to the US (2): **15.** ____________ **16.** ____________
transport options in Berlin: **11.** ____________	How to get there: **17.** ____________
things to do/see for tourists (2): **12.** ____________ **13.** ____________	

* Listening Part 4: Taking Time Out

Track 12

You are going to hear part of a radio talk about taking a year out.
There are four people talking: a presenter, Katie, Sarah and Jacob.

- Read the statements below and listen to the recording.
- Put a tick ✔ in the box next to the correct statement.
- In each task only one statement is correct.
- You can listen to the recording twice.

18. This radio show is for young people who ...	**A**	☐	have just started studying at university.
	B	☐	are in their last year at school.
	C	☐	want to work with children.

19. All three teenagers on this show ...	**A**	☐	spent time working abroad after school.
	B	☐	had a year without work after school.
	C	☐	had a year travelling around the world after school.

20. Katie was an au pair ...	**A**	☐	and worked for a very old fashioned family.
	B	☐	for a family with two small kids.
	C	☐	for an Australian family with a small child.

21. During her time as an au pair Katie felt ...	**A**	☐	like a slave because of all the housework.
	B	☐	she was treated like a family member by her host parents.
	C	☐	often lonely and bored.

22. Jacob thinks that spending time abroad after school ...	**A**	☐	makes studying very hard when you come back.
	B	☐	makes you homesick and you miss your parents.
	C	☐	is a learning experience and helps you to grow up.

23. During his time in Australia ...	**A**	☐	Jacob needed a lot of money from his parents.
	B	☐	Jacob worked in different places.
	C	☐	Jacob had to go to hospital because of an accident.

24. Sarah's gap year as a volunteer in Mozambique ...	**A**	☐	cost almost nothing.
	B	☐	was altogether quite expensive.
	C	☐	was great because she earned £ 2,500.

25. Jacob was surprised to hear ...	**A**	☐	that Katie got her driver's licence.
	B	☐	that Katie got on so well with people and misses them.
	C	☐	that Katie's parents had to pay some money too.

Zweiter Prüfungsteil: Leseverstehen/Schreiben

Reading Part 1: Signs, Notices and Labels

- Read the text of each sign/notice.
- Read the four statements next to it and decide which statement matches the sign.
- Tick ✔ the right statement. Only one of them is correct.

1.

At Blackpool Pleasure Beach/The Big One: This ride is not suitable for elderly people, people with medical heart conditions and pregnant women. Children under the age of 8 should be accompanied by a responsible adult.	**A**	☐	Adults and children over 8 are not allowed on this ride.
	B	☐	This attraction is suitable for elderly people.
	C	☐	Elderly people and small children get a special discount on this ride.
	D	☐	People with health problems and women who are expecting a child shouldn't go on this ride.

2.

At Tomco Express Supermarket: This Fast Checkout facility is for customers wishing to buy 6 items or fewer and will accept cash payment only.			
	A	☐	You need a credit card at this checkout.
	B	☐	You can use this checkout if you only buy three or four things.
	C	☐	You can only pay in cash if your total bill is under £ 6.
	D	☐	This is a self-service checkout.

3.

AT THE INDOOR POOL: We'd like to inform our customers that this indoor pool will stay closed for its regular annual maintenance and repair work from July 1 to July 31. We are looking forward to welcoming you back on August 1.			
	A	☐	The pool is offering jobs to repair workers in July.
	B	☐	They had an accident at the pool and need to repair it.
	C	☐	The pool closes on August 1.
	D	☐	The pool is not open in July.

4.

At a DVD Rental: Save more than $3 on our family deal: Take out any two DVDs from the adventure and family section* for two nights, pay just $4.99 and get a free box of pop corn. * offer excludes TV series, other multiple DVD box sets and games			
	A	☐	This offer gives you 2 DVDs and free pop corn for one night.
	B	☐	You can't get box sets with more than one DVD as part of this offer.
	C	☐	In this offer you pay $4.99 for each DVD.
	D	☐	With this deal each DVD costs only $3 a night.

5.

Our library is a place of study and research. So please keep all noise to a minimum in the reading rooms. For users engaging in group work or needing to discuss their research we provide a special study area on the second floor. Thank you.			
	A	☐	Today there are many people studying in the library.
	B	☐	Only the reading room on the 2nd floor is open today.
	C	☐	You can talk to others or discuss your work on the 2nd floor.
	D	☐	You are not allowed to talk anywhere in this library.

Reading Part 2: Keeping Fit

All the people below would like to do some kind of sports activity to stay fit.

- First read the information about them, then look at the different sports on the next page.
- Find **two** options/activities for each of the people below.
- Some activities can be chosen more than once.
- Write the letters of the activities in the boxes next to the right person.

No.	Activity 1	Activity 2		The persons
6/7				a) **Brenda** would like to do something for her general fitness but she isn't interested in weights or special muscle training. She doesn't want a regular course and prefers to train any time during the week. It's important for her to keep the week-ends free. There could be months when she doesn't have much time, so she doesn't want to pay for membership every month.
8/9				b) **Angie** is a young student who would like regular physical exercise, but doesn't have enough money to get a fitness club membership. She hates water sports. Last year she tried some Oriental things like yoga and tai chi but found them too slow and boring. Ideally she'd like to meet some new people while training once or twice a week. Angie can't pay more than £ 10 a month.
10/11				c) **Nick** thinks his body could look much better. He works in a bank all day so he would like a regular workout. He tried jogging but hated it. Nick would like better muscle definition or "a six pack". He isn't really a team player and would prefer to train alone late in the evening or before he starts work. He is prepared to pay up to £ 50 a month.
12/13				d) **Jill** is in her early sixties. She would like to stay fit with some physical exercise – but nothing too stressful like jogging or weight lifting. The best thing would be a combination of exercise and wellness. She prefers indoor activities. Maybe some regular activity would also allow her to meet new people.
14/15				e) **Colin** used to be the goal keeper in his college football team. Now he's got a full-time job and misses the exercise. For him a team sport would be ideal but he doesn't mind other sports as long as he doesn't train alone or on machines. Colin has long and irregular working hours, so he only has time at weekends.

The Activities	
A	New 24-hour indoor pool, Olympic size. Pay as you go, no membership required. Brand new sauna and steam bath facilities. Regular aqua fitness and baby swimming courses offered.
B	Jazz dance course, Monday nights, £19.99, students pay half. Light exercise – a healthy and entertaining way to stay fit. Join us in the Odeon dance hall. Facilities include large dance floor, excellent music/loudspeaker system and air conditioning.
C	24-hour gym with sauna and modern equipment. Membership £39.99 a month. Meet new people and stay fit.
D	Jogging club looking for new members. All levels welcome. No commitment. Just come when you want. Meet in local park every Sunday at 2 p. m.
E	Five-a-side football – new players needed. Sorry – men only. All ages welcome. Meet at University College Sports Hall on Sundays at 11 a. m.
F	Learn tai chi with Ken Long from Shanghai. This old and gentle form of physical activity is suitable for all ages and all fitness levels. Meet in Victoria Park on Mondays (4 to 6 p. m.). One session costs £ 2. If you can't come, no problem. You don't pay.
G	Rowing club needs money and invites non-members to use our training facilities. We have a wide range of high-tech machines – perfect for building up muscle strength, stamina and the perfect body. All the equipment is available from 8.30 p. m. to 11.30 p. m. from Monday to Friday. Facilities include showers and sauna. Cost is £ 25 per month.

* Reading Part 3: Mirror, Mirror on the Wall …

- Read the text and the statements on the opposite page.
- Put a tick ✔ in the box next to the correct statement.
- For each task only one statement is correct.

Beauty contests or – as they are called – "beauty pageants" have a long tradition in the USA. Since the 1850s a variety of beauty contests for young women have been held regularly in small towns and big cities all over the USA. There are various titles to compete for, for example the famous "Miss America", who was first chosen in 1921. The procedure is always similar – beautiful young women pose on stage in different outfits. They show off their perfect bodies in swimsuits or ball gowns, they show off their talents and do an interview in which they answer the jury's questions about popular culture, their future or family values. At the end the jury decides and one of the girls can walk away with the crown as a beauty queen for one year. Often other prizes such as modeling or advertising contracts or even scholarships come along with the crown. Beauty queens are like American idols or role models: most American girls grow up with the dream of taking part in such a pageant and wearing a crown one day.

But even for a beauty queen life isn't always without trouble as was shown by 17-year-old Domonique Ramirez, Miss San Antonio 2011. After just a few weeks as a reigning queen, Miss Ramirez lost her crown and with it her title. The official organizers of the beauty contest decided to give both to Ashley Dixon, the girl who had come second in the original Miss San Antonio contest. So what did Domonique Ramirez do wrong? There were no nude photos, no sex tapes and no alcohol or drug stories. The pageant directors claimed that Ramirez had turned up late for some events, wasn't a good representative of the city and allegedly they told her that she had put on too much weight. Linda Woods, a spokeswoman for the county's pageant board says, "As a Miss San Antonio reigning queen, she has to live up to our rules and regulations …." In an interview with a local radio station Ms Woods told the interviewer, "I said, you know, 'Get off the tacos, get off the chips and the soda.' Because she's 17, and that's what these kids eat." Apparently Miss Ramirez was doing a photo shoot in which she was asked to wear a dress from the original beauty competition and it didn't fit her anymore. Miss Ramirez also claimed that after a bikini photo shoot she was told to lose at least 13 pounds. Ramirez is 5'8, (172 cm) and weighs 129 pounds (58 kg) – which is by no means overweight.

But Domonique Ramirez didn't give up. She wanted to fight for her crown, so she took a lawyer and went to court. "This is about principle, this is about what's right …," Ramirez said.

Although San Antonio pageant officials say that their decision had nothing to do with Miss Ramirez' weight, judges didn't quite believe that. In March 2011 she won her court case and was given her crown and title back. So in 2011 for the first time ever San Antonio,Texas, has two reigning beauty queens: Domonique Ramirez and Ashley Dixon.

This story might show one of the less beautiful sides of beauty contests and it certainly highlights the debate on healthy body image. However, one little story that recently went through the media is even more worrying: In the popular US reality show "Toddlers and Tiaras", a televised child beauty contest, a mother dressed up her four-year-old daughter as Dolly Parton – the country singer who is not only famous for her music but also for her sizeable breasts. Of course, the little girl was wearing make-up – quite normal in shows like this – but her mother went one step further and put extra padding into some parts of the girl's dress. This way her little 4-year-old girl looked just like Dolly Parton – with large boobs and a big bottom. It's good to know that the show attracted a lot of worldwide criticism after its screening.

16. The first American beauty contests ...	**A**	☐	were held in the second half of the 19th century.
	B	☐	were organized in 1921.
	C	☐	were called "Miss America Pageants".
	D	☐	were only held in big cities.

17. At most modern beauty pageants ...	**A**	☐	the girls are not allowed to speak.
	B	☐	a jury decides who wins the contest.
	C	☐	the girls don't need to pose in swimsuits.
	D	☐	both A + C.

18. Beauty queens ...	**A**	☐	often win other prizes along with the crown.
	B	☐	are often idolized by little American girls.
	C	☐	can usually keep their crown for one year.
	D	☐	all of the above (A + B + C)

19. Ashley Dixon ...	**A**	☐	won the original Miss San Antonio Beauty Pageant 2011.
	B	☐	lost her crown after a few weeks but got it back.
	C	☐	came second in the original competition.
	D	☐	works as a director on the San Antonio Pageant Board.

20. Miss Ramirez thinks she lost her title ...	**A**	☐	because she had alcohol problems.
	B	☐	because of some old photos of her being naked.
	C	☐	because she wasn't thin enough.
	D	☐	both A + B.

21. In one photo session ...	**A**	☐	Domonique Ramirez didn't want to be naked.
	B	☐	a dress from the competition was too small for Miss Ramirez.
	C	☐	she was told to lose some weight.
	D	☐	both B + C.

22. Miss Ramirez won her crown back because ...	**A**	☐	she lost 13 pounds.
	B	☐	she competed in a new contest and won it.
	C	☐	she talked to the directors and they agreed on new regulations together.
	D	☐	she hired a lawyer and went to court.

23. 2011 was the first time ever ...	**A**	☐	that San Antonio, Texas, had a beauty pageant.
	B	☐	that there were two reigning beauty queens in San Antonio.
	C	☐	that a Latina became "Miss San Antonio".
	D	☐	that a beauty queen went on to study law.

24. In the child beauty contest "Toddlers and Tiaras" ...	**A**	☐	a mother used make up on her little daughter.
	B	☐	a mother dressed up her daughter (aged 4) as Dolly Parton, using fake breasts and bottom padding.
	C	☐	Dolly Parton criticized the mother of a 4-year-old.
	D	☐	both A + B.

25. The author finds it worrying that ...	**A**	☐	there are so many reality shows on US television.
	B	☐	that many people criticised the reality show with a "Mini Dolly Parton".
	C	☐	a mother sees nothing wrong with dressing up her 4-year-old daughter like that.
	D	☐	both B + C.

Writing Part 1: Your Photo

You have posted this photo online. Your friend Sarah wants to know more about it.

- React to her comment and answer the questions.
- Write 40–50 words.

How funny!
Where was this picture taken?
Who are these two?
Why are they dressed like that?
How did other people react?

/ 5 P.

Writing Part 2: A Camping Trip with Friends

You have found this message posted on the Internet.

- Write a letter to Ian and answer his questions.
- Write between 100–160 words.
- Do not use Internet slang.

Hi there,
I'm quite angry at the moment. My parents are impossible! I'm 15 years old and they won't allow me to go on holiday with my friends! Some of my classmates want to go camping in Spain for a week and my parents just say "No". They say there's not enough money and they think I'm too young to go abroad without them. I can have a week in the Welsh mountains together with them! That's just so boring! Is this normal? What do you think? Are you allowed to go on holiday without your parents? What can I do to convince my parents to let me go? How could I get some extra holiday money? All ideas are welcome!
Thanks. Ian

Hi Ian,

Inhalt: / 5 P. Sprache: / 5 P. **Gesamt:** **/ 10 P.**

* Writing Part 3: Mediation – Young German Talents

Your English-speaking friend Kim is doing a project about young talents in other European countries. She wants your ideas for the project from Germany.

- Read the two profiles you have found online.
- Choose **one** profile.
- Write an e-mail to Kim and tell her about your chosen talent.
- Say what the person you chose does and mention at least four aspects of their career.
- Do not translate word for word.
- Write complete sentences.
- Write on a separate sheet of paper.

Inhalt: / 5 P. Sprache: / 5 P. **Gesamt:** **/ 10 P.**

ACE TEE (Rapperin/R&B Musikerin)

Für H&M hat sie 2017 eine 16 teilige Modekollektion entworfen, bei Cro war sie Gastmusikerin, und ihr Lied *Bist du down* wurde selbst in den USA und Kanada zum Hit. Ihre erste EP Tee Time erschien im September 2017.

Ace Tees bürgerlicher Name ist Tarin Wilda. Sie wurde 1993 in Berlin geboren und wuchs dann im Hamburger Stadtteil Jenfeld auf. Ihre Eltern stammen aus Ghana. Nach einem abgebrochenen Besuch der Akademie POP im Hamburg machte sie eine Ausbildung zur Hairstylistin. Daneben begann sie unter dem Künstlernamen *MEDUZV* Musik zu machen.

Im Jahr 2016 veröffentlichte Ace Tee ihr Lied *Bist du Down,* das sie mit dem 21-jährigen Rapper *Kwam.e* aufgenommen hatte. Das Video dazu drehte sie selbst unter einer Eisenbahnbrücke in Hamburg-Altona-Nord. Dieses Video machte sie dann über die Grenzen Deutschlands hinaus bekannt. Eine Twitter-Nutzerin aus Kanada war davon so begeistert, dass sie das Video verbreitete und Ace Tee mit berühmten 90er Jahre Musikern wie TLC bzw. Alijah verglich. Der Clip wurde so populär, dass selbst die Modezeitschrift *Vogue* auf Ace Tee aufmerksam wurde und über sie und das Video berichtete.

Das hatte sicherlich damit zu tun, dass Ace Tees außer der Musik auch eine Leidenschaft für Mode hat. Im Video zu *Bist du down* trägt sie mehr als zehn verschiedene Outfits. In einem Interview mit der ZEIT sagte sie sinngemäß, wie wichtig es ist, dass man auch durch Kleidung zeigen kann, was alles möglich ist: Man kann auch mit einer Jogginghose im Club tanzen oder mit einer breiten Zahnlücke rumlaufen. Das gehört zur Message.

inhaltliche Quellen: https://de.wikipedia.org/wiki/Ace_Tee; http://www.zeit.de/2017/38/ace-tee-rapperin-tee-time-h-m-kollektion

Edin Hasanovic (Schauspieler)

Seine Mutter flüchtete mit ihm als Baby vor dem Krieg in Bosnien-Herzegowina nach Berlin. Hier wuchs Edin Hasanovic auf. Als Kind liebte er es, Leute nachzuahmen und schon mit sieben Jahren probte er eine Oscarrede vor seiner Familie. Inzwischen ist der 1992 geborene Edin Hasanovic einer der erfolgreichsten Jungschauspieler Deutschlands. Mit 13 nahm er an mehreren Castings teil und stand kurz danach auf der Bühne

des Berliner Ensembles. Dort arbeitete er zwei Jahre lang als Schauspieler, bevor er mit nur 15 Jahren eine Rolle in der Fernsehserie „KDD-Kriminaldauerdienst" erhielt, in der er von 2007-2010 mitspielte. Trotz Theaterarbeit und Fernsehdreharbeiten fand Edin genug Zeit zum Lernen und legte 2011 sein Abitur an der Heinz-Schliemann-Schule in Berlin-Prenzlauer Berg ab. Wie er Schule und Filmen vereinbaren konnte? Neben eigener Arbeit und Selbstdisziplin unterstützten ihn seine Lehrer und die Filmemacher, indem sie z.B. Dreh- und Klausurtermine aufeinander abstimmten.

Inzwischen ist Edin Hasanovic dem deutschen Publikum auch durch Hauptrollen in verschiedenen Filmen bekannt. Für seine Rolle in „Schuld sind immer die Anderen" erhielt er 2016 den Filmpreis Goldene Kamera als bester deutscher Nachwuchsschauspieler. Es folgten weitere Nominierungen und Preise. Unter anderem wurde die deutsche Dramedy-Miniserie „Familie Braun", in der Edin Hasanovic einen Neonazi verkörpert, der mit einer Afrikanerin ein Kind zeugt, im November 2017 sogar als internationale Produktion mit dem bekannten US-Fernsehpreis Emmy ausgezeichnet. Sicherlich bleibt dies nicht der letzte Preis für den jungen Schauspieler, der schon an weiteren Filmprojekten für die Zukunft arbeitet.

inhaltliche Quellen:
https://de.wikipedia.org/wiki/Edin_Hasanovi%C4%87
https://www.gala.de/stars/starportraets/edin-hasanovic-20608800.html
https://www.zdf.de/nachrichten/heute/emmy-familie-braun-100.html

Schriftliche Prüfungsarbeit zur erweiterten Berufsbildungsreife und zum mittleren Schulabschluss 2020 im Fach Englisch

Quelle der Aufgabenstellung: Lisum Landesinstitut für Schule und Medien Berlin-Brandenburg
Einige der Abbildungen weichen aus lizenzrechtlichen Gründen von der Darstellung in der Original-Prüfungsarbeit ab.

Teil I: Hörverstehen

Listening Part 1: Voicemail Messages

_____ /4 P Track 13

- You are going to hear four people reacting to pictures which were sent in an online chat.
- Look at the pictures and then listen to each message.
- Decide which picture each speaker reacts to and put a tick ✔ in the right box.
- You can listen to the recording twice.

Message One

1. Which picture does the speaker react to?

A Friend
online

0:32 ✓4:23 pm

A ☐

A Friend
online

0:32 ✓4:23 pm

B ☐

A Friend
online

0:32 ✓4:23 pm

C ☐

A Friend
online

0:32 ✓4:23 pm

D ☐

Message Two

2. Which picture does the speaker react to?

A Friend
online

0:32 ✓4:23 pm

A ☐

A Friend
online

0:32 ✓4:23 pm

B ☐

A Friend
online

0:32 ✓4:23 pm

C ☐

A Friend
online

0:32 ✓4:23 pm

D ☐

Message Three

3. Which picture does the speaker react to?

A Friend
online

0:32
✓4:23 pm

A ☐

A Friend
online

0:32
✓4:23 pm

B ☐

A Friend
online

0:32
✓4:23 pm

C ☐

A Friend
online

0:32
✓4:23 pm

D ☐

Message Four

4.* Which picture does the speaker react to?

A Friend
online

0:32
✓4:23 pm

A ☐

A Friend
online

0:32
✓4:23 pm

B ☐

A Friend
online

0:32
✓4:23 pm

C ☐

A Friend
online

0:32
✓4:23 pm

D ☐

Listening Part 2: Radio Ads

______ /4 P Track 14

Please note: You do not need to understand every word to do this task.

- You are going to hear four radio ads.
- You can listen to the recording twice.
- Read the slogans below first, then listen to the recording.
- For each ad choose the correct slogan from the list (A–F) and put a tick ✔ in the right box.
- There is only one correct slogan for each ad.
- Two slogans can't be matched.

A) Doing sports will keep you fit

B) Give useful presents to those in need

C) Life before looks

D) Limit your time using electronic media

E) Support the platform to keep it going

F) Reduce your chances of being robbed

		Slogan					
Number	**Radio Ads**	**A**	**B**	**C**	**D**	**E**	**F**
5	**Radio Ad 1**						
6*	**Radio Ad 2**						
7	**Radio Ad 3**						
8*	**Radio Ad 4**						

You can listen to the audio files by clicking the links on finaleonline.de (ad no. 1 and no. 4), and by following these links:

ad 2: https://foundation.wikimedia.org/wiki/Press_room/Audio_content

ad 3: http://www.ncpc.org/topics/by-audience/law-enforcement/rapid-response/full-length-rapid-response-psas

Listening Part 3: Survival Stories

____ /9 P Track 15

- You are going to hear three people telling their personal stories of survival.
- You can listen to the recording twice.
- Complete the table below. Use 1 to 5 words or numbers for each answer.

	What went wrong	How speaker stayed alive *(Name one)*	How speaker was finally rescued *(Name one)*	After the rescue *(Name one)*
	9	10	11	*Sako on TV*
	12	drank water slowly	13	14*
	15	16*	17	

Listening Part 4: Cloning for Love?

_____ /8 P Track 16

- You are going to hear a radio programme.
- There are three speakers: Maeve O'Reilly (the host), Dr. Louis Nelson (a writer) and two callers, Katie and Peter.
- You can listen to the recording twice.
- Read the statements below first, then listen to the recording.
- Put a tick ✔ in the box next to the correct statement.
- Only one statement is correct in each case.

18 Why did Barbra Streisand put dog collars on the new puppies?	**A**	☐	to make them look beautiful
	B	☐	to better identify them
	C	☐	to show her love

19 What is the main motivation for people to clone their pets?	**A**	☐	to follow a trend
	B	☐	to support scientific research
	C	☐	to avoid heartbreak

20 How similar are clones to the original?	**A**	☐	They have the same genetic code.
	B	☐	Their appearance is the same.
	C	☐	both A + B

21* According to Louis, cloning companies	**A**	☐	mislead their clients.
	B	☐	waste a lot of money on marketing.
	C	☐	are still at the experimental stage.

22* Why don't clones behave like the original animal?	**A**	☐	They are brought up differently.
	B	☐	They have different levels of intelligence.
	C	☐	both A + B

23* Peter talks about the dog Snuppy to illustrate	**A**	☐	how advanced biotechnology was in 2005.
	B	☐	how many dogs are used to create one clone.
	C	☐	how popular cloning is in Asian countries.

24* Louis highlights the fact(s) that	**A**	☐	there are too many pets in the US without loving homes.
	B	☐	the money spent on cloning could be better spent.
	C	☐	both A + B

25* Which of the statements summarizes the talk best?	**A**	☐	Pet cloning – it's worth the price
	B	☐	Pet cloning – the blessings of biotech
	C	☐	Pet cloning – a world between heaven and hell

Teil II: Leseverstehen/Schreiben

Reading Part 1: What to do in and around New Delhi ______ /10 P

- These people are looking for something to do in and around New Delhi (India).
- First read the information about the people, then look at the descriptions of things to do (A–G) on the next pages.
- In each case find the **two** activities the people would do. Write the letters of the activities in the boxes next to the people's names.
- Some of the activities can be chosen more than once.

No.	Activity 1	Activity 2		The people
1/2				**Marvin** is a physical therapist from a small town in the countryside. He is not a fan of large crowds of people and busy streets. What interests him is Indian culture and everyday life far away from the metropolis New Delhi. Apart from that, he is looking for some tips and tricks for his job to help him understand the physical and mental needs of his patients better.
3/4				In four months **Christie** will do a voluntary social year in one of the poorest communities in Kenya. In Delhi she hopes to get some practical ideas that could help her improve the living conditions in Kenya. Whenever she travels, she tries to see as many different parts of town and taste as many local dishes as possible. So, a tour introducing her to the great variety of Indian specialties would be great.
5/6				**Eric** is a passionate photographer. But in India it's literally impossible to take a clear picture of a sight without dozens of people in the way. So what he is looking for is a sightseeing tour that avoids the tourists if possible. And then he is also interested in the people living in the countryside and he would like to learn more about how they see the world.
7/8				For **Chenoa** the best way to understand a country is by having a "peek through the kitchen window". An activity that gives her the chance to try out first-hand how a good curry is made is simply a must for her. She would also go on a longer tour that allows her to observe wildlife outside the city. Combining that with seeing historic places would be awesome.

9/10				For **Bryan** travelling is all about eating without having to do all the cooking himself. He definitely needs a tour that quickly pleases his passion for food. As a Beatles fan he also knows that they spent a month in India in 1968 doing some transcendental meditation there. If he could do something similar, a childhood dream would come true.

 **Delhi Food Walk**	**A)** Go beyond the clichéd curry and try some authentic Indian bites on this Delhi tour. From homemade ice cream to fruit beer and dumplings, Delhi's food scene is thriving and surprising. Explore the busy streets of Delhi and their famous street food stalls. Experience traditional local transportation on a cycle rickshaw ride and mingle with locals at markets, restaurants, shops, and food stalls. An English-speaking guide will let you indulge in the colours, tastes and looks of authentic Indian cuisine. Duration: 3 hours Starting time: 4pm
 **Taj Mahal at Sunrise and Agra**	**B)** Experience some of India's most beautiful sights on this 14-hour private day trip to Agra, including transport from Delhi. With an early morning pickup, make it to the Taj Mahal in time to take in stunning views of the majestic palace at sunrise before the masses of tourists arrive. Tour the grounds with your private guide, and enjoy breakfast at a nearby hotel. Then, stop by the famous Agra Fort before doing some souvenir shopping in the city. At about 2pm, hop back into your vehicle for the 3-hour ride back to Delhi. Your guide drops you off at your hotel at about 5pm.
 **Solar Slum Tour**	**C)** Get a behind-the-scenes glimpse of New Energy, a social enterprise that's lighting up lives in the slums of India. Learn how they're reducing indoor air pollution from kerosene and wood stoves, and bringing solar light to Delhi's tent slums. Chat with the people behind the project, meet locals living in these communities, and come away with a better understanding of social enterprise in India. All the money from this tour will go directly to New Energy to help spread the project. Duration: 4 hours Starting time: 4pm

 **Home Cooking Class**	**D)** Learn the art and tradition of Indian home cooking during this interactive one-day class and market tour in New Delhi. Follow your hostess through the stalls of a spice and produce market in the heart of the city and learn about the ingredients typical in this flavourful cuisine. Interact with locals and get a taste for city life. Once you leave the market, have a fun-filled cooking session with your expert hostess, as she gives you a fascinating insight into Indian food. Understand the close-knit Indian family system as you eat together with your hostess and her family.
 **Delhi Yoga Tour**	**E)** Your Indian odyssey is not complete without the taste of diverse Indian culture, rich traditions and spirituality. Yoga Tours do not only let you explore the beauty and serenity steeped in this mysterious land, but also cultivate a deep connection with yourself. Our experienced yogis will introduce you to different kinds of yoga and various postures in one of Delhi's most popular yoga centres. You will experience new ways to strengthen your body and soul. Feel free to choose from different booking options in advance. So, revitalize your body and mind on a yoga tour during your visit to India.
 **Rural Village Tour**	**F)** The villages of India hold their own distinct charm. They have a special attraction in their warm-hearted and traditional lifestyle. On this village tour we organize your visit to the village where you experience the true Indian spirit and enjoy the daily activities and rituals of the locals. It is also a great way to get out of the city and enjoy the simple life, with fresh air in beautiful surroundings. You will get an insight into the villagers' beliefs, their customs, the role of women, their superstitions, their religion and the problems that they face. You will get the chance to interact with the villagers with the assistance of your tour guide, learn pottery making and ride a tractor.
 **National Park Tour**	**G)** On your trip to "Ranthambore National Park" you will not only see Bengal tigers, lions, elephants, exotic birds and other native creatures, but you will also visit its grand 10th century "Ranthambore Fort". This is a complex of temples and mosques, monuments and crocodile-filled lakes, which is very popular among tourists. Here nature meets history – an awe-inspiring experience. So don't hesitate to get on this 2-day wildlife tour that will lead you away from the busy roads. Join our guided jeep safari along narrow trails and jungle paths.

Reading Part 2: Short Texts

_____ /6 P

- Look at the text and the statements in each task.
- What does the text say?
- Put a tick ✔ next to the statement that matches the text – **A**, **B**, **C** or **D**.
- There is only one correct statement for each sign.

11

You don't need to worry about walking your dog anymore because someone else can, for just £2 per walk!

I have a lot of experience with dogs and I will usually come twice a day in the morning (11 am) and in the evening (7 pm).

However, if this time doesn't fit in your timetable, we can arrange it. E-mail me if you're interested.

(P.S.) I buy them treats too X

The person who wrote this note

A	☐	is looking for a lost dog.
B	☐	runs a dog hotel.
C	☐	wants to work as a dog walker.
D	☐	coaches dogs and their owners.

12

Hello Students,

School appropriate attire is required in this classroom.

If you are not dressed for learning, please lead yourself down to the office to call home for a change of clothes – or go to the gym and get your gym clothes.

THANKS! – Mr. Hartley

A	☐	You have to wear proper clothing to take part in the lessons.
B	☐	You are not allowed into the gym with street gear.
C	☐	You have to call home from the office if you feel sick.
D	☐	You can pick up your costume for the school play in the staff room.

13*

SAN

Stroud Audio Newspaper

We produce and deliver a **FREE** weekly **audio** version of the local newspaper for visually-impaired citizens of Stroud.

For more information call **SAN** on 01453 340640, leave your contact details and we will get back to you.

This sign

A	☐	is aimed at people who can't see well.
B	☐	asks local businesses for support.
C	☐	wants people to share their stories.
D	☐	is looking for paper deliverers.

14

STUDENTSPACE

You can store your things with STUDENTSPACE at the end of term. It's simple:
Just a few $ per box per month.
We can collect it from your place and deliver it back there when you're ready – anywhere in Sydney!

STUDENTSPACE.COM.AU
AND ENTER "STUDENT" for $10 OFF!

This company offers

A	☐	to help students find a new place to stay.
B	☐	to keep students' things temporarily.
C	☐	to collect donations from students.
D	☐	to find a suitable study partner for new students.

15

- Always use a licensed taxi (a black cab) or a licensed minicab.
- Book your minicab journey by phone or in a minicab office.
- Never approach or accept a journey from a driver off the street. Only taxis (black cabs) are allowed to pick up customers off the street.
- When your booked minicab arrives, make sure the minicab driver can confirm your name and your destination. Check this before you get in the vehicle.
- Check the driver's photo ID.
- Always sit in the back and if possible carry a mobile phone.
- When you are on the way, phone a friend if you're worried. If you're seriously concerned or you feel threatened by the driver, phone 999 immediately.

This text

A	☐	advises you how to take a taxi safely.
B	☐	informs you about rental car services.
C	☐	tells you how to become a licensed cab driver.
D	☐	promotes the benefits of car sharing.

16 *

SEAT SAVERS

Go to seatsavers.co.uk
and buy your own messy food made
entirely of plastic –
spilled coffee or sticky ice-cream
or a soft pizza slice.

They cost from £4 to £40.

The items advertised here

A	☐	help to remove stains from seats.
B	☐	are made of natural materials.
C	☐	help to keep a seat free.
D	☐	can be consumed on public transport.

Reading Part 3: I became a teacher at 57 – I am learning the hard way, says Lucy Kellaway

- Read the text and the statements on the next page.
- Put a tick ✔ in the box next to the correct answer.
- Only one answer is correct in each case.

A year ago I announced that after three decades I was leaving the *Financial Times* to become a maths teacher in a tough secondary school and that I had set up *Now Teach,* a charity to encourage other fifty-somethings to quit their cushy jobs and join me. Almost everyone said the same thing: you're mad.

I replied that I was perfectly sane. I'd spent so long writing columns that I was no longer getting any better at it and was possibly getting worse. While many people of my age were just waiting for retirement, others longed to start all over again doing something new, difficult and worthwhile.

To anyone who dared suggest that at 57 I was too old to be worth the investment of training, I sharply replied that I would probably live into my nineties and so had another 15 years' working life ahead of me. In any case, the average teacher stays in the profession for only five years, so I was no worse a risk than the next person.

A week before the launch of *Now Teach,* a journalist from *The Times* came to interview me at home about my unexpected career change. I remember sitting on the sofa and earnestly explaining that I craved one thing above all: the luxury of being useful.

It is exactly a year since I gave that interview, but now I look at the phrase "the luxury of being useful" and want to laugh. Or cry.

I am writing this at 5.15am on a school day. This is earlier than I need to be up, but I am in a permanent state of excitement that reminds me of being in love. I am wide awake before dawn, thinking obsessively about my lessons and new tasks. The most luxurious thing that awaits me today will be school dinner in a polystyrene box.

And instead of feeling useful, for large chunks of every day I feel useless. I am hopeless with the interactive smartboard that is the centrepiece of every modern classroom. I sometimes get so flustered I make mistakes in my sums in front of class. Routinely I forget to take the electronic register. Or I mark students present when they are absent, then fail to figure out how to overwrite mistakes, leaving bureaucratic chaos in my wake.

It is now 6.20am and I must stop writing and put on smarter clothes than I ever wore as a journalist. The school demands that pupils wear perfect uniform on the grounds that if they have their ties done up properly they are less likely to throw a desk at their teachers – which means staff need to do their bit and dress properly too.

Yet even in my most painful moments there are four joys of teaching that I never lose sight of. The first is the students. For the first time in my working life I'm doing something that is not about me. Teaching is about them. When at the end of the first half-term I watched the heads of my pupils bent in silence over their test papers I felt a passionate involvement in their progress. So much so that when I was marking papers later at home, I found myself whooping out loud, "X has got the hard negative number question right!" much to the surprise of one of my grown-up children.

Second is the joy of being a trainee again. The view from the bottom of the ladder is far prettier than it appeared to me 35 years ago. Then I only wanted to climb. Now I am happy to stay where I am. I am responsible for nothing except my progress. There is also a delight in being junior enough to go to the pub on Friday with my fellow maths teachers, who seem amused at having a woman who is older than their parents tagging along.

Third is the maths. For most of us, the subjects we loved at school were snatched away from us far too early. After nearly four decades dealing with ambiguous words, I feel joy in returning to the certainties of maths, which I put aside when I finished my maths A level in 1977.

Fourth is the absence of boredom. Journalism is one of the most exciting jobs on earth, but even that is sometimes boring. Since September 1, I have not been bored for one second. I am so interested in what I am doing that I have become a bore to my old friends. One of them tried to discuss the new chairman of the Federal Reserve with me the other week, but I wouldn't co-operate. All I wanted to talk about was how best to teach algebra to 11-year-olds.

Adapted from: https://www.thetimes.co.uk/article/i-became-a-teacher-at-57-i-am-learning-the-hard-way-it-is-brutal-gl69n3lxc. © nowteach.org.uk; (accessed 10.01.2018)

Reading Part 3: I became a teacher at 57 – I am learning the hard way, says Lucy Kellaway

______ /9 P

17* Who is *Now Teach* aiming at?	**A**	☐	journalists
	B	☐	unemployed people
	C	☐	young teachers
	D	☐	older professionals

18* Lucy was ready to begin a new career because she	**A**	☐	had problems with her younger colleagues.
	B	☐	started hating the topics she was writing about.
	C	☐	found her old job too stressful.
	D	☐	felt her job was no longer challenging.

19* Why does Lucy think that training someone her age is not too late?	**A**	☐	She will be teaching longer than most teachers.
	B	☐	She needs little training because she knows a lot already.
	C	☐	She will be more respected by the students.
	D	☐	both A + C

20* Lucy wakes up very early because	**A**	☐	she is in love with a colleague.
	B	☐	her way to work takes a long time.
	C	☐	her thoughts keep circling around her job.
	D	☐	she does not want to be late.

21 Why does Lucy sometimes feel incompetent?	**A**	☐	The students do not listen to her.
	B	☐	She has problems operating the technical equipment.
	C	☐	Students stay away from her classes.
	D	☐	both B + C

22* Why does Lucy dress well for work?	**A**	☐	so students are less aggressive
	B	☐	to feel more secure in front of the class
	C	☐	because there is a strict dress code for students
	D	☐	to fit in with the younger staff

23* Lucy likes working with students because she	**A**	☐	enjoys being the centre of attention.
	B	☐	likes getting their immediate feedback.
	C	☐	learns a lot from young people.
	D	☐	loves to help them develop.

24* What else does Lucy like about her job?	**A**	☐	She no longer feels the pressure to get a higher position.
	B	☐	She can go back to something she enjoyed as a student.
	C	☐	She has been given the chance to train new teachers.
	D	☐	both A + B

25* Another title for this article could be:	**A**	☐	The horrors of school life
	B	☐	A joyous time with the little ones
	C	☐	Going crazy in the classroom
	D	☐	A story of challenge and satisfaction

Writing Part 1: Your Photo

______ /5 P

Photo A

JAMES
online

Cool picture, huh?

Wow, where did you take that photo?
Who is that?
What's going on?

☺ Type a message

Photo B

JAMES
online

Cool picture, huh?

Wow, where did you take that photo?
Who is that?
What's going on?

☺ Type a message

Choose photo A OR B.

- You have posted this photo.
- Your friend James wants to know more.
- Answer his questions.
- Write 30–50 words.

/ 5 P.

Writing Part 2: Presents

______ /10 P

- Read what the blogger has written.
- Then write back, answering all of the questions.
- Write a minimum of 100 words.

Home *Welcome to our site*	**Services** *What we do*	**Blog** *Read our stories*	**Contact** *Get in touch*	**epinion**

Blog → **Public topics** →

present dilemma

Name: GiftyGuy

A close friend of mine will be turning 16 this year and is having a big b-day party. Her invitation says she wants money instead of presents. I mean, hey … weird. How do you feel about money as a present? And also, at the moment I really don't have any money at all. So what should I do?
What was the best present you ever got?
The other day I was talking to a friend and he said he had stopped giving presents altogether. What do you think about this?

Inhalt: / 5 P. Sprache: / 5 P. **Gesamt:** **/ 10 P.**

Integration auf Augenhöhe

Wie kann die Integration von geflüchteten Jugendlichen gelingen? Christina Tendel, pensionierte Lehrerin, hat darauf eine klare Antwort: „Für eine gelungene Integration müssen einzelne Menschen einzelnen Menschen helfen." Tendel leitet die Deutsch-AG an der Sophie-Scholl-Schule in Schöneberg – und dort passiert genau das: Berliner Schüler und geflüchtete Jugendliche treffen sich regelmäßig und lernen gemeinsam. [...]

Die Idee für das Projekt hatten zwei Schülerinnen, die von Bildern und Berichten der Flucht über das Mittelmeer schockiert waren. Zusammen mit Tendel, ihrer damaligen Politik-Lehrerin, gründeten sie die Deutsch-AG. Mit einer Rundmail konnten sie über 40 Schüler der 11. bis 13. Klasse mobilisieren. Ein Verein, der minderjährige Flüchtlinge betreut und mit Unterkünften versorgt, vermittelte zwischen den Neuankömmlingen und Schülern. Seitdem kommen Woche für Woche Jungen wie Maged und Rodi nach Schöneberg, um ihr Deutsch zu verbessern. Die meisten sind aus Afghanistan und Syrien, Besuche von Mädchen sind eher eine Ausnahme.

Jeden Montag beginnt die Deutsch-AG um 16.30 Uhr mit etwa 20 Jugendlichen in der Cafeteria der Scholl-Schule. Geschnittene Äpfel, Laugengebäck und Tee warten dann bereits auf sie. Auf einen Gast kommen in der Regel drei freiwillige Helfer wie zum Beispiel Nadin und Idil. [...]

Mit der Zeit verbesserten sich die Kommunikation per Zeichensprache sowie das Deutsch der Neuankömmlinge. Wenn die Hausaufgaben erledigt sind, werden Spiele gespielt oder über den Alltag geredet. [...]

Auch die Helfer profitieren. Nadin und Idil sagen, dass sie viel Neues über fremde Kulturen und auch über die eigene Kultur lernen können.

[...]

Justus Wilke, „Integration auf Augenhöhe", *Der Tagesspiegel,* 13.2.2018; https://www.pressreader.com/germany/der-tagesspiegel/20180213/281857234000066 (22.06.2018, adaptiert)

Jugendliche helfen Senioren – dafür gibt's ein Taschengeld

Erst seit einigen Monaten, ganz genau seit Mai, gibt es in Gladbeck die Taschengeldbörse. Keine lange Zeit, aber es hat gereicht, um sie Erfolgsgeschichte schreiben zu lassen.

Die Taschengeldbörse ist eine Gemeinschaftsaktion von Senioren- und Jugendbeirat. Sie bringt Senioren, die leichte Hilfe im Alltag benötigen, und Jugendliche, die helfen wollen, zusammen. Für diese springt bei erfolgreicher „Vermittlung" dann ein kleines Taschengeld heraus.

18 Jugendliche machen derzeit mit. Und für die meisten spielt das Geld dabei überhaupt keine Rolle. Sie verzichten gerne darauf, wenn sie zum Beispiel mitbekommen, dass „ihr" Senior nicht so viel Geld zur Verfügung hat.

Bei den Tätigkeiten, die die Jugendlichen übernehmen, soll es sich um leichte Arbeiten oder Hilfen handeln, wie etwa Rasen mähen, Hecke schneiden, kleine Arbeiten im Haushalt übernehmen oder einen Einkauf erledigen. Auf keinen Fall geht es um pflegerische Aufgaben und auch nicht darum, den kompletten Hausputz zu bewerkstelligen.

Zueinander finden Helfer und Hilfesuchende mittlerweile über eine eigens eingerichtete WhatsApp-Gruppe. Da wird eingestellt, wer wo Bedarf hat, und dann können die Jugendlichen sich bei Interesse melden.

Wie positiv sich eine solche „Paarung" entwickeln kann, zeigt folgende Geschichte: Ein junges Mädchen, das einmal angefragt war, um einer über 90-Jährigen ihr Smartphone zu erklären, geht mittlerweile regelmäßig mit „seiner" Seniorin in der Stadt bummeln. Einfach, weil die beiden sich gut verstehen. Dieses Beispiel zeigt, was so ein Angebot wie die Taschengeldbörse auch noch bewirken kann: nämlich eine Brücke zwischen den Generationen schlagen.

https://www.waz.de/staedte/gladbeck/jugendliche-helfen-senioren-dafuer-gibt-s-ein-taschengeld-id215378719.html (16.11.2018, adaptiert)

* Writing Part 3: Mediation – Social Project ______ /10 P

Your Irish friend Kim told you that she/he and her/his friend want to start a social project. Now they are looking for ideas of what they could do.

- You have found two articles.
- Read them and choose **one.**
- Write an e-mail to your friend Kim telling him/her what the project is about and mention at least four important aspects.
- Do not translate word for word.
- Write complete sentences.
- Write on a separate sheet of paper.

To:	Kim@mail.com	**SEND**
Ref:	idea for your project	**CC/BCC**

Inhalt: / 5 P. Sprache: / 5 P. **Gesamt:** / 10 P.

Teil B Die mündliche Prüfung

B 1 Berlin: Vorbereitung – Let's get ready for the oral test!

B 1.1 Berlin: Was wird in der mündlichen Prüfung erwartet?

Bei der Überprüfung der mündlichen Sprechfertigkeit handelt es sich um eine **Partnerprüfung** von maximal 15 Minuten Dauer. Sie erfolgt **ohne Vorbereitungszeit.**

Das Prüfungsgespräch führt dein Englischlehrer beziehungsweise deine Englischlehrerin. Außerdem wird ein zweiter Fachlehrer anwesend sein. Diese Lehrkraft beobachtet die Prüfung und fertigt ein Protokoll an. Sie beteiligt sich aber nicht aktiv an der Prüfung.

Das mündliche Prüfungsgespräch besteht aus **vier Teilen**. Überprüft wird deine Fähigkeit, sprachlich korrekt auf verschiedene Gesprächs- oder Bildimpulse zu reagieren, deine Meinung überzeugend auszudrücken und dabei angemessen auf einen Gesprächspartner einzugehen.

B 1.2 Berlin: Zum Aufbau der mündlichen Prüfung (Partnerprüfung)

Die mündliche Prüfung setzt sich aus **vier Teilen** zusammen, in denen deine mündliche Sprechfertigkeit auf unterschiedliche Weise überprüft wird:

Teil 1 (ca. 2–3 Minuten): Der prüfende Lehrer begrüßt deinen Partner und dich. Er stellt euch abwechselnd Fragen zur Person, zu Hobbys und Freizeitaktivitäten, Vorlieben beziehungsweise Abneigungen und ähnlichen Themen. In der Regel werdet ihr auch aufgefordert, ein englisches Wort zu buchstabieren.

Teil 2 (ca. 2–3 Minuten): Der Prüfer schildert euch eine Situation (z. B. die gemeinsame Urlaubsplanung) und fordert euch auf, passende Vorschläge zu unterbreiten, zu diskutieren und eine Entscheidung herbeizuführen. Unterstützend erhaltet ihr Bilder, über die ihr sprechen könnt.

INFO zum Prüfungsablauf

Die Überprüfung der mündlichen Sprechfertigkeit erfolgt in vier Teilen:
1. **Kontakt aufnehmen:** Small Talk
2. **Etwas aushandeln:** Partnergespräch
3. **Ein Bild beschreiben:** zusammenhängend sprechen
4. **Über ein Thema diskutieren:** Partnergespräch

Teil 3 (ca. 3 Minuten): Nacheinander erhaltet ihr nun ein Bild, das ihr eurem Partner etwa eine Minute zusammenhängend und in sinnvoller Reihenfolge beschreiben sollt.

Teil 4 (ca. 3 Minuten): Die Bilder aus Teil 3 sollen nun von euch zum Anlass genommen werden, ein Thema gemeinsam zu diskutieren. Hier geht es darum, Argumente zu entwickeln und die eigene Meinung überzeugend auszudrücken.

Prüfungsteil	**Mögliche Themen und Inhalte**	**Übungshinweise**
PT 1: Kontakt aufnehmen	– Fragen beantworten zu Person, Familie, Schule, Haustieren, Vorlieben, Hobbys, zur Art der Prüfungsvorbereitung, zum Berufswunsch – Buchstabieren	Tipps und Übungen zu diesem Prüfungsteil findest du auf S. 93
PT 2: Etwas aushandeln	– Planung einer Urlaubsreise, Klassen- oder Auslandsfahrt – Auswahl eines Geburtstagsgeschenkes oder eines Mitbringsels – Organisation eines Picknicks, einer Schulveranstaltung, eines Projekttages – Planung von Freizeitaktivitäten, Festen und Feiern	Tipps und Übungen zu diesem Prüfungsteil findest du auf S. 96

PT 3: Ein Bild beschreiben	– Bilder, die Anlass zu einem Gespräch geben, z. B. über eine belebte Straßenszene, eine dörfliche Idylle, ein Restaurant oder Straßencafé, eine Bahnhofshalle oder Hotellobby; oder – über Menschen, die Sport treiben, essen, lesen, spielen, arbeiten usw.	Tipps und Übungen zu diesem Prüfungsteil findest du auf S. 97
PT 4: Über ein Thema diskutieren	Diskussionen über gesunde Ernährung und Essgewohnheiten, soziales Engagement, Umwelt, gesunde Lebensweise, sinnvolle Freizeitbeschäf-tigung usw.	Tipps und Übungen zu diesem Prüfungsteil findest du auf S. 100

B 1.3 Berlin: Kriterien der Bewertung

Der prüfende Lehrer und der Protokollant nehmen unmittelbar nach der Prüfung die Bewertung deiner Sprechleistung vor. Dabei stehen vier Bewertungskriterien im Mittelpunkt, die gleichwertig in die Endbeurteilung deiner Leistung einfließen:
– die kommunikative Kompetenz
– der Gesprächsbeitrag
– Grammatik und Wortschatz
– Aussprache

Kommunikative Kompetenz	**Gesprächsbeitrag**	**Grammatik und Wortschatz**	**Aussprache**
– Gelingt es dir, Gespräche zu eröffnen, fortzuführen und zu beenden? – Sprichst du verständlich und in vollständigen Sätzen? – Stellst du verständliche Fragen und gehst auf die Äußerungen deines Partners ein?	– Kannst du deine Gedanken sinnvoll strukturieren und ausdrücken? – Sprichst du zum Thema? – Gehst du auf deinen Partner ein?	– Gelingt es dir, grammatische Strukturen möglichst fehlerfrei zu verwenden (z. B. bei der Fragebildung und den Zeitformen)? – Verfügst du über einen Wortschatz, der es dir ermöglicht, viele Themen spontan und verständlich zu diskutieren?	– Sind deine Aussprache und Intonation so gut, dass man dich problemlos versteht? – Sprichst du flüssig?

B 1.4 Berlin: Tipps zur Vorbereitung der mündlichen Prüfung

Du weißt bereits, dass es sich um eine **Partnerprüfung** handelt. Es ist daher sinnvoll, sich gemeinsam mit einem Klassenkameraden oder einem guten Freund auf diese Prüfung langfristig vorzubereiten. Am besten ist natürlich ein Mitschüler, mit dem du diese Prüfung vielleicht tatsächlich gemeinsam ablegst. An manchen Schulen sind die Prüfungspaare bekannt. Das folgende Kapitel bietet dir wertvolle **Hinweise zur Vorbereitung** auf die einzelnen Prüfungsteile. Du findest außerdem **Strategien** für eine erfolgreiche Kommunikation, die du auch nach der Prüfung noch gewinnbringend anwenden kannst.

B 2 Berlin: Tipps, Strategien und Übungen zur Vorbereitung

In den folgenden Ausführungen findest du konkrete Tipps und Übungsvorschläge zur gezielten Vorbereitung auf die einzelnen Teile der mündlichen Prüfung. Außerdem werden dir nützliche Redemittel vorgestellt.

Da die Prüfung zur mündlichen Sprechfertigkeit eine Partnerprüfung ist, solltest du dir zur Vorbereitung einen Freund oder eine Freundin suchen, mit dem oder der du gemeinsam üben kannst.

B 2.1 Berlin: Prüfungsteil 1 – Kontakt aufnehmen

In diesem Prüfungsteil werden dir und deinem Partner abwechselnd Fragen gestellt, z. B.
- *What's your name?*
- *How old are you?*
- *Where do you live?*
- *Do you have any (brothers, sisters, pets, …)?*
- *What are your favourite (books, sports, free time activities, subjects at school, …)?*
- *Do you like (reading books/magazines, listening to music, …)?*
- *How long have you been living in Berlin?*
- *What are your plans for (the weekend, the next holidays, …)?*
- *How did you get to school today?*
- *Please, spell your name/surname/the word "…".*

a) Ideen sammeln und strukturieren

Da sich diese Fragen auf bestimmte Themenkomplexe (*topics*) beziehen, lohnt es sich in Vorbereitung thematische **Mindmaps** oder **Ideensammlungen** anzufertigen, z. B. zu diesen Themen:

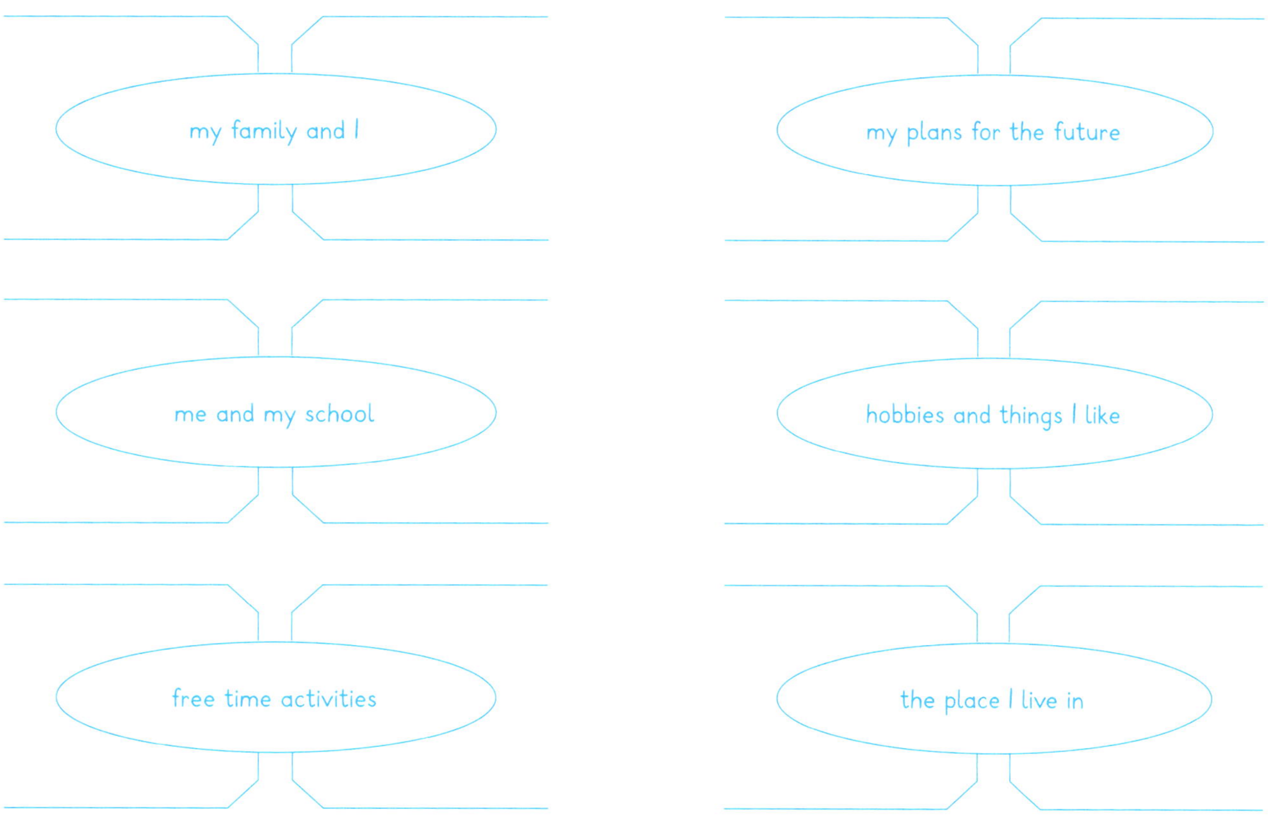

TIPP zur Vorbereitung

Das Anlegen dieser Themenlisten bzw. Mindmaps, das damit verbundene Nachdenken über mögliche Inhalte und das Nachschlagen von persönlich bedeutsamen Vokabeln ist eine ideale Vorbereitung auf den ersten Prüfungsteil. Es gibt dir etwas „zum Anfassen" und damit Struktur und Sicherheit.

b) Redemittel üben

Sieh dir die folgende Tabelle an. In der linken Spalte findest du Fragen, die möglicherweise im ersten Teil der mündlichen Prüfung gestellt werden. Lies die Antwortmöglichkeiten auf der rechten Seite durch und ordne den Fragen jeweils eine passende Antwort zu. Du hast mehr Antworten, als du brauchst.

Questions	**Answers**
1 When do you normally get up in the morning?	a I was at the Baltic Sea with friends.
2 How do you usually get to school? How long does it take you to get to school?	b Usually I go out with friends on Saturdays and sleep in on Sundays.
3 What do you usually do at weekends?	c I practised with a partner in class and looked at my lesson notes.
4 What did you do last summer?	d No, I don't. I think they are all unsafe.
5 What are your plans for next year?	e Yes, I am. I watch a lot of football and I run every day.
6 What's your favourite subject?	f Yes, I have a younger sister. Her name is Anne.
7 Are you using any social networking sites?	g During the week I get up at 6 a. m.
8 How much time a day do you spend in front of the TV?	h In winter I go by bus and in summer I cycle. I usually need twenty to thirty minutes.
9 Are you interested in sports?	i I'm hoping to start an apprenticeship as a car mechanic.
10 How did you prepare for this exam?	j My father works as a cook in a hospital.
	k I like Physics and Maths best.
	l I'm not sure. It depends what's on. Sometimes an hour a day, sometimes more.

Lösungen für Questions and Answers:

Trage den Buchstaben für die von dir gewählte Antwort ein.

question	1	2	3	4	5	6	7	8	9	10
answer										

Hier kannst du deine persönlichen Antworten zu den Fragen notieren:

1 ______________________________

2 ______________________________

3 ______________________________

4 ______________________________

5 ______________________________

6 ______________________________

7 ______________________________

8 ______________________________

9 ______________________________

10 ______________________________

c) Spielerische Partneraktivitäten zur Vorbereitung

1. **Frage-Antwort-Spiel:** Schreibt diese und ähnliche Fragen auf kleine Karteikärtchen und legt sie auf einen Stapel vor euch. Abwechselnd zieht jeder von euch eine Karte und stellt sie dem anderen vor. Fahrt fort, bis der Kartenstapel leer ist.
2. **Memory:** Bereitet zu jeder Frage auch ein Antwortkärtchen vor. Mischt alle Karten und legt sie verdeckt vor euch hin. Abwechselnd deckt nun jeder zwei Kärtchen auf. Ergeben diese ein Frage-Antwort-Paar, gehört die Karte euch.
3. **Domino:** Bereitet ein Domino-Spiel mit Fragen und dazu passenden Antworten vor. Spielt anschließend nach den Regeln eines herkömmlichen Dominos.
4. **Stopp die Zeit!:** Abwechselnd erhaltet ihr die Gelegenheit, so viele Sätze und Informationen über euch mitzuteilen, wie möglich. Dabei wird die Zeit gestoppt. Sieger ist derjenige, der am längsten zusammenhängend über sich sprechen konnte. Dieses Spiel auf Zeit könnt ihr natürlich endlos wiederholen – allein oder zu zweit.

Da ihr in der Prüfung aufgefordert werdet, ein Wort oder mehrere englische Wörter zu buchstabieren, lohnt es sich, die folgenden kleinen Übungsvorschläge in die Vorbereitung mit einzubeziehen.

d) Übungen und Aktivitäten zum Buchstabieren

1. **Wörtergewimmel:** Schreibt ca. 30 englische Wörter auf ein Blatt Papier. Anschließend buchstabiert ihr wahllos einzelne Wörter vorwärts oder rückwärts. Es gilt, möglichst schnell das entsprechende Wort zu finden.
2. Jeder von euch sucht sich zehn lange englische Wörter aus dem Wörterbuch. Schreibt sie auf ein Blatt Papier. Anschließend buchstabiert ihr sie abwechselnd. Der Partner muss das Wort nun im Wörterbuch finden und die Anzahl der Buchstaben notieren. Sieger ist derjenige, dessen Gesamtbuchstabenzahl am Ende die höhere ist.

B 2.2 Berlin: Prüfungsteil 2 – Etwas aushandeln

Im zweiten Prüfungsteil führst du ein Gespräch mit deinem Partner. Dabei wird von dir erwartet, dass du deinem Partner zu einer vorgegebenen Situation (z. B. einer bevorstehenden Klassenfahrt) Vorschläge unterbreiten und/oder angemessen auf seine Vorschläge reagieren kannst. Dazu notwendige und nützliche Formulierungen findest du in der folgenden Übersicht.

a) Redemittel zur Diskussion

Making a suggestion (einen Vorschlag machen)	**Agreeing with a partner (einem Vorschlag zustimmen)**	**Disagreeing with a partner (einen Vorschlag ablehnen)**
What do you think of …?	That's a great idea.	I don't think that's a good idea (because …)
What about …?	That sounds good/great.	I'm afraid I can't agree with you.
	Yes, OK.	Well, that's true but …
	All right, I agree.	

b) Zuordnungsübung

Versuche nun, die folgenden ungeordneten Redewendungen und Satzanfänge den passenden Sprechabsichten in der Tabelle zuzuordnen. Ergänze die Übersicht.

How do you feel about …? | I think so too. | You're absolutely right.

I really think you're wrong because … | Why don't we …? | Of course, I agree with you.

I'm sorry but I don't agree with you. | Personally, I think … | That's not a great idea because …

I can't agree with you. | We could … | Do you agree?

Let's … | How do you feel about that?

c) **Partnerübung zur Vorbereitung**

1. Mithilfe der Redewendungen aus a) und b) könnt ihr euer Wissen nun an den folgenden Situationen ausprobieren:
   • Task: Discuss the topic(s) and come to a decision – only after you have talked about all five options.

You and your friend are going to visit New York, what should you take? – an umbrella – a map – an MP3 player – a camera – a dictionary	Your friends want to go out for an evening together. Where will you go? – cinema – museum – bowling – disco – rock concert
Your class are planning a weekend trip, where will you go? – a farm in Brandenburg – the beach – the mountains – tropical islands – a friend's garden	You want to lose weight. What can you do to live more healthily? – no fast/junk food – more fruits/vegetables – work out in a gym – walk to school – no coke or other fizzy drinks

TIPP

In der realen Prüfung erhältst du zu der geschilderten Situation anstelle der fünf Optionen kleine Bildimpulse, die dir Ideen geben, um das Gespräch oder die Diskussion zu eröffnen bzw. aufrechtzuhalten. Nutze diese Hilfe, lege die Bilder aber unbedingt beiseite, wenn sie dir unpassend erscheinen oder wenn sie unbekannten Wortschatz verlangen.

TIPP zur Gesprächsführung

Löse dich in diesem Prüfungsteil vom prüfenden Lehrer. Wende dich ganz deinem Partner zu und arbeitete mit Mimik und Gestik. Nicke ihm zu, lächle aufmunternd und nutze das Bildmaterial, um mit dem Finger darauf zu zeigen und das Gespräch authentischer wirken zu lassen.

B 2.3 Berlin: Prüfungsteil 3 – Ein Bild beschreiben

a) Schrittfolge und Redemittel zur Bildbeschreibung

Im dritten Prüfungsteil wird von dir erwartet, dass du zunächst ein aussagekräftiges Bild beschreibst, bevor du im nachfolgenden Prüfungsteil mit deinem Partner Sachverhalte des Bildes diskutierst. Die nachfolgende Schrittfolge zur Bildbeschreibung wird dir helfen, ruhig und strukturiert vorzugehen.

Schritt 1:	Schau dir das Bild in Ruhe an.
Schritt 2:	Welche Situation wird dargestellt? – Zeigt es eine Straßen- oder Restaurantszene? – Werden junge Leute am Strand oder Menschen am Arbeitsplatz dargestellt? Nützliche Redemittel zur Beantwortung der Fragen: – *This picture shows …* – *This is a picture of …* – *In this picture I can see …*

Schritt 3:	Was befindet sich im Mittelpunkt des Bildes? – Personen oder zentrale Gegenstände? – Wo befinden sie sich? Redemittel: – *In the foreground/middle/centre of the picture there is/are …/I can see …* – *(S)he is walking along …/sitting inside …/working at …* (ACHTUNG: Handlungen von Personen werden mit der Verlaufsform der Gegenwart – dem *present progressive* – ausgedrückt!)
Schritt 4:	Was tun die Menschen gerade? Wer mögen sie sein? Wie fühlen sie sich? Redemittel: – *(S)he is reading …/talking to …/playing with …* – *They're having a meal./… sunbathing in the sea./… writing a letter.* – *This person (on the left/ right) seems to be a lifeguard.* – *The old man is probably a tourist.* – *You can tell they are enjoying themselves because …* – *The old lady looks very happy …/seems a bit frightened …*
Schritt 5:	Gibt es andere Dinge, die für die Bildaussage wichtig sind? Beschreibe deren Position bzw. Bedeutung. Redemittel: – *In the background there is/are …* – *On the left/right I can see …* – *In the bottom/top left-hand corner …/In the bottom/top right-hand corner …* – *At the top/bottom …* – *There's a … next to …/behind …/in front of …/opposite …* – *It's probably the … because …/It might be … because …*

TIPP

Es kann passieren, dass dir die Vokabel zur Benennung eines zentralen Gegenstandes des Bildes gerade nicht einfällt. Keine Panik! Versuche einfach, diese Sache zu umschreiben. Erkläre,

- wozu man ihn braucht oder verwendet:
  It's something you need to …/ use to …
  It's a kind of (tool, bike, container for …)
- wie er aussieht (Farbe, Größe, Form):
  It's a red and round vegetable.
- wo man ihn gewöhnlich findet oder aufbewahrt:
  It's something you find in your cupboard/a forest/near a lake.
- wo er hergestellt wird und/oder aus welchem Material er besteht:
  Wooden sticks that people use in China.

Umschreiben kann man auch durch die Verwendung

- eines **ähnlichen Wortes** (*very big* statt *huge*),
- des **Gegenteils** (*not fast* statt *slow*),
- von Ober- oder Unterbegriffen (*things like knives, forks and spoons* statt *cutlery*) bzw.
- durch die Beschreibung einer **passenden Situation** (*you feel like this when you have to live far away from home* statt *homesick*).

b) Übung zum Umschreiben

Schreibe die folgenden deutschen Begriffe auf kleine Zettel. Lege den Zettelstapel dann umgedreht vor dich hin und ziehe nacheinander die Begriffe. Versuche sie auf Englisch zu umschreiben. Die Begriffe, die dir gut bzw. sofort gelingen, lege beiseite. Konzentriere dich nun auf die besonders kniffligen Wörter und überlege, wie du sie mit deinen Worten erklären kannst. Übung macht den Meister!

Schraubenzieher	Steckdose	Stecknadel	Schubkarre
Flaschenöffner	Stricknadel	Kerzenständer	Backpulver
Fahrradschlauch	Gießkanne	Geldbörse	Mülltonne
Verkehrsampel	Hupe	Antenne	Föhn

Du kannst diese Übung auch mit einem Partner durchführen. Er oder sie könnten weitere Begriffe aufschreiben oder aus deinen Umschreibungen den gesuchten Begriff erraten.

c) Übungen zur Bildbeschreibung

Bilder zum Beschreiben findest du in jeder Tageszeitung, Zeitschrift oder im Internet. Unter *google pictures* kannst du z. B. Suchbegriffe eingeben und dein Computer stellt dir in Sekundenschnelle eine schier endlose Anzahl an Übungsvorlagen zur Verfügung.

Gute Bilder ...
- sind farbig,
- zeigen Menschen in ihrem Alltag und
- bieten viele Details zum Beschreiben an.

TIPP

Deine Bildbeschreibung sollte in der Prüfung ungefähr eine Minute dauern. Stell dir eine Eier- oder Stoppuhr, wenn du mit der Beschreibung beginnst. So entwickelst du ein Gefühl für die Zeit.

Partnerübung 1: Wähle ein Bild aus und beschreibe es deinem Partner. Baue ein bis zwei Fehler in deine Beschreibung ein. Kann dein Partner sie finden?

Partnerübung 2: Beide Partner nehmen das gleiche Lehrbuch. Während du ein Bild auswählst und beschreibst, hält dein Partner sein Buch geschlossen. Nach Beendigung der Beschreibung erteilst du das Kommando „Ready, steady, go!" und dein Partner versucht so schnell wie möglich das beschriebene Bild zu finden. Ihr könnt euch dabei abwechseln und die „Suchzeit" stoppen.

Partnerübung 3: Wähle ein beliebiges Bild aus und beschreibe es. Währenddessen versucht dein Partner, dieses Bild nach deiner Beschreibung zu zeichnen. Anschließend vergleicht ihr es mit dem Original.

TIPP

Vergiss nicht, ...
- in ganzen Sätzen zu sprechen.
- deine Beschreibung zu strukturieren, d. h. mit der dargestellten Situation zu beginnen und danach mit den zentralen Personen/Gegenständen fortzufahren.
- Vermutungen (z. B. über Menschen und deren Gefühle und Stimmungen) anzustellen und zu begründen.
- unwesentliche Details wegzulassen, denn du hast nur etwa eine Minute Zeit.

B 2.4 Berlin: Prüfungsteil 4 – Über ein gegebenes Thema diskutieren

In diesem Prüfungsteil wirst du aufgefordert, mit deinem Partner eine Diskussion zu einem vorgegebenen Alltagsthema zu führen. Dieses Thema schließt inhaltlich an die von euch beschriebenen Bilder im Prüfungsteil 3 an. Wenn du also im dritten Prüfungsteil siehst, dass dein Bild oder das deines Partners Menschen bei sportlichen Aktivitäten zeigen, kannst du davon ausgehen, dass ihr im vierten Prüfungsteil die Aufgabe erhalten werdet, ein Gespräch zum Thema Sport und Fitness zu führen.

Folgende Themen (*topics*) könnten dir in diesem Prüfungsteil begegnen:
- *The importance of sports and personal fitness*
- *Free time and weekend activities*
- *What makes the perfect holiday?*
- *Eating habits and a healthy diet*
- *Information technology in your life*
- *City life or country life?*
- *How to save the environment*
- *Summer or winter – what's your season?*
- *Important relationships in your life*
- *Fashion, appearance, style*
- *The impact of media*

Auch hier bietet es sich an, eine **Ideensammlung** zu verschiedenen Themen anzulegen: Was kannst du zu den einzelnen Themen sagen, welche Meinung vertrittst du zu Themen wie „gesunde Ernährung" oder „sinnvolle Freizeitgestaltung"?

TIPP

Lege zu den einzelnen Problemstellungen jeweils eine Karteikarte an, auf der du deine Meinung formulierst und gute Argumente notierst. Du wirst schnell merken, dass sich bestimmte Redewendungen häufig wiederholen. Diese Wiederholungen prägen sich natürlich schnell ein.

Es geht also darum, die eigene Meinung auszudrücken sowie Argumente zu entwickeln und zu begründen. Viele der dazu notwendigen Redemittel findest du bereits im Kapitel B 1.2 a) und b)
Die folgende **Übersicht** zeigt dir noch einmal, wie du deine eigene Meinung ausdrücken kannst.

a) Redemittel zur Meinungsäußerung

I think/feel/believe ... In my opinion ... As I see it ... In my view ...

It seems to me that ... My point of view is that ...

b) Argumentieren

Es reicht natürlich nicht, nur die eigene Meinung zu sagen. Du solltest dich immer bemühen, auch Gründe und Argumente aufzuzählen, die dich zu deiner Überzeugung veranlassen. Da es für viele Problemstellungen zwei Seiten (pro und kontra) gibt, bietet es sich an, eine zweispaltige Tabelle anzulegen, wie z. B. die folgende zum Thema „City or country life? What do you prefer?"

City life	Country life
– entertainment – short distances – shopping (facilities) – ...	– healthy lifestyle – close relationships – close to nature (lakes, ...) – ...

c) Fragen stellen

Du und dein Partner seid natürlich nicht nur aufgefordert, eure Meinung zum Thema zu vertreten und über euch zu berichten, sondern auch, euch gegenseitig zu befragen. Somit könnt ihr die Richtung des Gesprächs durch eure Fragen aktiv mitbestimmen. Es ist deshalb sinnvoll, sich im Vorfeld auch mögliche Fragen zu den einzelnen Themen zu überlegen und diese zu formulieren. Dabei lassen sich einige Fragestrukturen auf viele Themen übertragen, z. B.

- *What's your favourite ... ?*
- *What do you think about ... ?*
- *Why don't (do) you like ... ?*
- *What kind of .... do you (have/like/hate ...)?*
- *How often do you ... ?*
- *Do you prefer ... or ... ?*
- *Have you ever ... ?*

Wenn ihr diese drei Aspekte a) bis c) auf eurer Ideensammlung schriftlich notiert, könnt ihr sprachlich gut vorbereitet in eine Partnerübungsphase gehen. Hier bietet es sich an, Problemstellungen auf kleine Zettel zu schreiben, diese verdeckt auf den Tisch zu legen und nacheinander umzudrehen. Die daraus entstehenden Diskussionen werden zunächst noch kurz und holprig verlaufen, ihr übt dadurch aber die Gesprächsführung. Am Ende werden die Gespräche zu Routine und vermitteln Spaß an der Diskussion.

Diskussionskärtchen zum Üben

Dies sind Beispiele für Diskussionskärtchen:

City or country – Where would you like to live?	What makes a healthy diet?	The best way to relax: in front of the TV or at the gym?	What makes the ideal holiday?
No more fast food restaurants!	Marriage – out of date?	Facebook – All fun or no fun at all?	Being vegetarian is the only fair and healthy way to eat.
Is it important to wear the latest fashion? Can your look influence your life?	Is life today possible without computers?	School's finished. What's best next – a year abroad or work?	Extreme sports – stupid risk or fantastic experience?

Teil B Die mündliche Prüfung

B 1 Brandenburg: Vorbereitung – Let's get ready for the oral test!

B 1.1 Brandenburg: Was wird in der mündlichen Prüfung erwartet?

Bei der Überprüfung der mündlichen Sprechfertigkeit handelt es sich um eine **Gruppenprüfung** von 15–20 Minuten Dauer. Sie erfolgt **ohne Vorbereitungszeit.**
Das Prüfungsgespräch führt dein Englischlehrer bzw. deine Englischlehrerin. Außerdem wird ein zweiter Fachlehrer anwesend sein. Diese Lehrkraft beobachtet die Prüfung und fertigt ein Protokoll an. Sie beteiligt sich aber nicht aktiv an der Prüfung.

Das mündliche Prüfungsgespräch besteht aus **drei Teilen.** Überprüft wird deine Fähigkeit, sprachlich korrekt auf verschiedene Gesprächs- oder Bildimpulse zu reagieren, deine Meinung überzeugend auszudrücken und dabei angemessen auf Gesprächspartner einzugehen.

B 1.2 Brandenburg: Zum Aufbau der mündlichen Prüfung (Gruppenprüfung)

INFO zum Prüfungsablauf

Die Überprüfung der mündlichen Sprechfertigkeit erfolgt in drei Teilen:
1. **Dialogisches Sprechen/ Interview:** Small Talk
2. **Ein Bild (Foto, Cartoon) beschreiben:** zusammenhängend sprechen
3. **Über ein Thema diskutieren:** Gruppengespräch

Die mündliche Prüfung setzt sich aus **drei Teilen** zusammen, in denen deine mündliche Sprechfertigkeit auf unterschiedliche Weise überprüft wird:
Teil 1 (ca. 4–6 Minuten): Der prüfende Lehrer begrüßt alle Gruppenmitglieder. Er stellt euch in einem kurzen Gespräch Fragen zur eigenen Person, zu Hobbys und Freizeitaktivitäten, zu Familie und Freunden, aber auch zu Träumen und Hoffnungen. Gegebenenfalls erhaltet ihr auch Gelegenheit, einem der anderen Prüflinge eine Frage zu stellen.
Teil 2 (ca. 5–7 Minuten): Im zweiten Teil der Gruppenprüfung erhaltet ihr nacheinander einen visuellen Impuls (z. B. ein Foto, eine Zeichnung, einen Cartoon mit/ohne Sprechblasen), der euch einen Sprechanlass bieten wird. Alle Bilder beziehen sich auf ein gemeinsames Thema, zu dem sich jeder Prüfling zusammenhängend äußern soll.
Teil 3 (ca. 6–7 Minuten): Ausgehend vom Thema der Sprechimpulse im Teil 2 der Prüfung erhaltet ihr nun vom prüfenden Lehrer eine Aufgaben- bzw. Problemstellung. Sie dient euch zum gemeinsamen Gedankenaustausch, aber auch zur Diskussion. In Form eines kleinen Rollenspiels sollt ihr hier Argumente entwickeln und Problemlösungen herbeiführen.

Prüfungsteil	Mögliche Themen und Inhalte	Übungshinweise
PT 1: Dialogisches Sprechen/ Interview	– Fragen beantworten zu Person, Familie, Freunden, Freizeit und Hobbys, Wünsche und Hoffnungen	Tipps und Übungen zu diesem Prüfungsteil findest du auf S. 104
PT 2: Zusammenhängendes monologisches Sprechen	– Gesunde Lebensweise, Formen des Zusammenlebens, soziales Engagement, sinnvolle Freizeitgestaltung, Essgewohnheiten, Freundschaft und Liebe usw.	Tipps und Übungen zur Bildbeschreibung findest du auf S. 106
PT 3: Dialogisches Sprechen/ Interaktion		Tipps und Übungen zu diesem Prüfungsteil findest du auf S. 108

B 1.3 Brandenburg: Kriterien der Bewertung

Der prüfende Lehrer und der Protokollant nehmen unmittelbar nach der Prüfung die Bewertung deiner Sprechleistung vor. Dabei stehen vier Bewertungskriterien im Mittelpunkt, die gleichwertig in die Endbeurteilung deiner Leistung einfließen:

- die kommunikative Kompetenz
- der Gesprächsbeitrag
- Grammatik und Wortschatz
- Aussprache

Kommunikative Kompetenz	**Gesprächsbeitrag**	**Grammatik und Wortschatz**	**Aussprache**
– Gelingt es dir, Gespräche zu eröffnen, fortzuführen und zu beenden? – Sprichst du verständlich und in vollständigen Sätzen? – Stellst du verständliche Fragen und gehst auf die Äußerungen deines Partners ein?	– Kannst du deine Gedanken sinnvoll strukturieren und ausdrücken? – Sprichst du zum Thema? – Gehst du auf deinen Partner ein?	– Gelingt es dir, grammatische Strukturen möglichst fehlerfrei zu verwenden (z. B. bei der Fragebildung und den Zeitformen)? – Verfügst du über einen Wortschatz, der es dir ermöglicht, viele Themen spontan und verständlich zu diskutieren?	– Sind deine Aussprache und Intonation so gut, dass man dich problemlos versteht? – Sprichst du flüssig?

B 1.4 Brandenburg: Tipps zur Vorbereitung der mündlichen Prüfung

Du weißt bereits, dass es sich um eine Gruppenprüfung handelt. Es ist daher sinnvoll, sich gemeinsam mit Klassenkameraden oder guten Freunden auf diese Prüfung langfristig vorzubereiten. Am besten sind natürlich Mitschüler, mit denen du vielleicht die Prüfung gemeinsam ablegen wirst. An manchen Schulen sind die Prüfungsgruppen bekannt.

Das folgende Kapitel bietet dir wertvolle **Hinweise zur Vorbereitung** auf die einzelnen Prüfungsteile. Du findest außerdem **Strategien** für eine erfolgreiche Kommunikation, die du auch nach der Prüfung noch gewinnbringend anwenden kannst.

B 2 Brandenburg: Tipps, Strategien und Übungen zur Vorbereitung

In den folgenden Ausführungen findest du konkrete Tipps und Übungsvorschläge zur gezielten Vorbereitung auf die einzelnen Teile der mündlichen Prüfung. Außerdem werden dir nützliche Redemittel vorgestellt.

Da die Prüfung zur mündlichen Sprechfertigkeit eine Gruppenprüfung ist, solltest du dir zur Vorbereitung Freunde suchen, mit denen du gemeinsam üben kannst.

B 2.1 Brandenburg: Prüfungsteil 1 – Dialogisches Sprechen/Interview

In diesem Prüfungsteil werden dir und deinen Gruppenmitgliedern abwechselnd Fragen gestellt, z. B.

- *What's your name?*
- *How old are you?*
- *Where do you live?*
- *Do you have any (brothers, sisters, pets, …)?*
- *What are your favourite (books, sports, free time activities, subjects at school, …)?*
- *Do you like (reading books/magazines, listening to music, …)?*
- *How long have you been living in …?*
- *What are your plans for (the weekend, the next holidays, …)?*
- *How did you get to school today?*

a) Ideen sammeln und strukturieren

Da sich diese Fragen auf bestimmte Themenkomplexe (*topics*) beziehen, lohnt es sich in Vorbereitung thematische **Mindmaps** oder **Ideensammlungen** anzufertigen, z. B. zu diesen Themen:

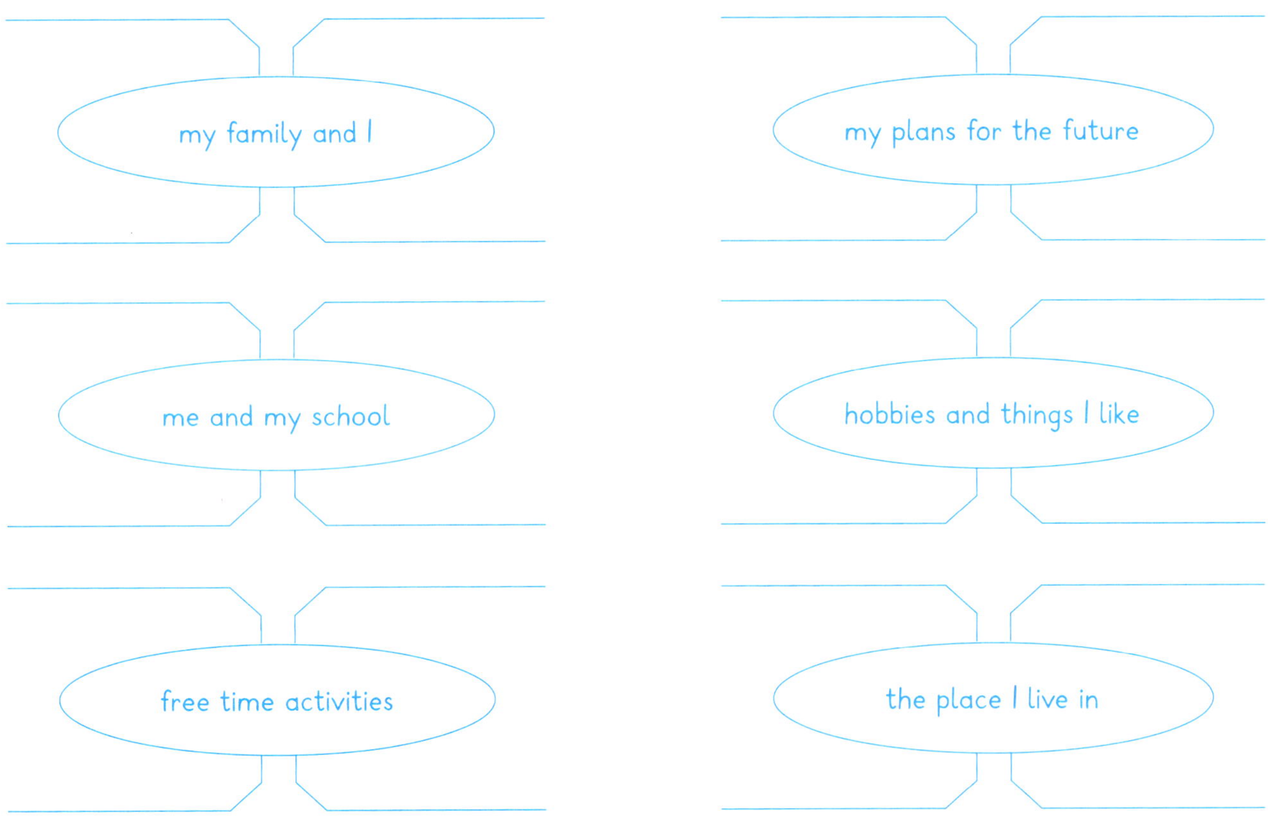

TIPP zur Vorbereitung

Das Anlegen dieser Themenlisten bzw. Mindmaps, das damit verbundene Nachdenken über mögliche Inhalte und das Nachschlagen von persönlich bedeutsamen Vokabeln ist eine ideale Vorbereitung auf den ersten Prüfungsteil. Es gibt dir etwas „zum Anfassen" und damit Struktur und Sicherheit.

b) Redemittel üben

Sieh dir die folgende Tabelle an. In der linken Spalte findest du Fragen, die möglicherweise im ersten Teil der mündlichen Prüfung gestellt werden. Lies die Antwortmöglichkeiten auf der rechten Seite durch und ordne den Fragen jeweils eine passende Antwort zu. Du hast mehr Antworten, als du brauchst.

	Questions		**Answers**
1	When do you normally get up in the morning?	a	I was at the Baltic Sea with friends.
2	How do you usually get to school? How long does it take you to get to school?	b	Usually I go out with friends on Saturdays and sleep in on Sundays.
3	What do you usually do at weekends?	c	I practised with a partner in class and looked at my lesson notes.
4	What did you do last summer?	d	No, I don't. I think they are all unsafe.
5	What are your plans for next year?	e	Yes, I am. I watch a lot of football and I run every day.
6	What's your favourite subject?	f	Yes, I have a younger sister. Her name is Anne.
7	Are you using any social networking sites?	g	During the week I get up at 6 a. m.
8	How much time a day do you spend in front of the TV?	h	In winter I go by bus and in summer I cycle. I usually need twenty to thirty minutes.
9	Are you interested in sports?	i	I'm hoping to start an apprenticeship as a car mechanic.
10	How did you prepare for this exam?	j	My father works as a cook in a hospital.
		k	I like Physics and Maths best.
		l	I'm not sure. It depends what's on. Sometimes an hour a day, sometimes more.

Lösungen für Questions and Answers:

Trage den Buchstaben für die von dir gewählte Antwort ein.

question	**1**	**2**	**3**	**4**	**5**	**6**	**7**	**8**	**9**	**10**
answer										

Hier kannst du deine persönlichen Antworten zu den Fragen notieren:

1 ______________________________

2 ______________________________

3 ______________________________

4 ______________________________

5 ______________________________

6 ______________________________

7 ______________________________

8 ______________________________

9 ______________________________

10 ______________________________

c) Spielerische Aktivitäten zur Vorbereitung

1. **Frage-Antwort-Spiel:** Schreibt diese und ähnliche Fragen auf kleine Karteikärtchen und legt sie auf einen Stapel vor euch. Abwechselnd zieht jeder von euch eine Karte und stellt sie den anderen vor. Fahrt fort, bis der Kartenstapel leer ist.
2. **Memory:** Bereitet zu jeder Frage auch ein Antwortkärtchen vor. Mischt alle Karten und legt sie verdeckt vor euch hin. Abwechselnd deckt nun jeder zwei Kärtchen auf. Ergeben diese ein Frage-Antwort-Paar, gehört die Karte euch.
3. **Domino:** Bereitet ein Domino-Spiel mit Fragen und dazu passenden Antworten vor. Spielt anschließend nach den Regeln eines herkömmlichen Dominos.
4. **Stopp die Zeit!:** Abwechselnd erhaltet ihr die Gelegenheit, so viele Sätze und Informationen über euch mitzuteilen, wie möglich. Dabei wird die Zeit gestoppt. Sieger ist derjenige, der am längsten zusammenhängend über sich sprechen konnte. Dieses Spiel auf Zeit könnt ihr natürlich endlos wiederholen – allein oder in der Gruppe.

B 2.2 Brandenburg: Prüfungsteil 2 – Bildbeschreibung/Monologisches Sprechen

Im zweiten Prüfungsteil erhaltet ihr nacheinander einen visuellen Impuls (z. B. eine Zeichnung, ein Foto oder einen Cartoon) zu einem gemeinsamen Thema. Hier wird von dir erwartet, dass du zunächst das Bild beschreibst und dich zu der dargestellten Thematik möglichst ausführlich äußerst.

a) Schrittfolge und Redemittel

Die nachfolgende Schrittfolge wird dir helfen, in diesem Prüfungsteil ruhig und strukturiert vorzugehen.

Schritt 1:	Schau dir das Bild in Ruhe an.
Schritt 2:	Welche Situation wird dargestellt? – Zeigt es eine Straßen- oder Restaurantszene? – Werden junge Leute am Strand oder Menschen am Arbeitsplatz dargestellt? Nützliche Redemittel zur Beantwortung der Fragen: – *This picture shows …* – *This is a picture of …* – *In this picture I can see …*

Schritt 3:	Was befindet sich im Mittelpunkt des Bildes? – Personen oder zentrale Gegenstände? – Wo befinden sie sich? Redemittel: – *In the foreground/middle/centre of the picture there is/are …/I can see …* – *(S)he is walking along …/sitting inside …/working at …* (ACHTUNG: Handlungen von Personen werden mit der Verlaufsform der Gegenwart – dem *present progressive* – ausgedrückt!)
Schritt 4:	Was tun die Menschen gerade? Wer mögen sie sein? Wie fühlen sie sich? Redemittel: – *(S)he is reading …/talking to …/playing with …* – *They're having a meal./… sunbathing in the sea./… writing a letter.* – *This person (on the left/ right) seems to be a lifeguard.* – *The old man is probably a tourist.* – *You can tell they are enjoying themselves because …* – *The old lady looks very happy …/seems a bit frightened …*
Schritt 5:	Gibt es andere Dinge, die für die Bildaussage wichtig sind? Beschreibe deren Position bzw. Bedeutung. Redemittel: – *In the background there is/are …* – *On the left/right I can see …* – *In the bottom/top left-hand corner …/In the bottom/top right-hand corner …* – *At the top/bottom …* – *There's a … next to …/behind …/in front of …/opposite …* – *It's probably the … because …/It might be … because …*
Schritt 6:	Woran erinnert dich dieses Bild? Was hat es mit dir bzw. deinem Leben zu tun? Welche Bedeutung hat die Thematik für dich? – *The picture/cartoon makes me think of …/reminds me of …* – *(Un)like the person in the picture/cartoon I …* – *If I were/saw … I would …. because …* – *I personally think (that) … because …* – *I (dis)agree with the message because …* – *It is true that …*

b) Übung zum Umschreiben unbekannter Lexik

Schreibe die folgenden deutschen Begriffe auf kleine Zettel. Lege den Zettelstapel dann umgedreht vor dich hin und ziehe nacheinander die Begriffe. Versuche sie auf Englisch zu umschreiben. Die Begriffe, die dir gut bzw. sofort gelingen, lege beiseite. Konzentriere dich nun auf die besonders kniffligen Wörter und überlege, wie du sie mit deinen Worten erklären kannst. Übung macht den Meister!

Schraubenzieher	Steckdose	Stecknadel	Schubkarre
Flaschenöffner	Stricknadel	Kerzenständer	Backpulver
Fahrradschlauch	Gießkanne	Geldbörse	Mülltonne
Verkehrsampel	Hupe	Antenne	Föhn

Du kannst diese Übung auch mit einem Partner durchführen. Er oder sie könnten weitere Begriffe aufschreiben oder aus deinen Umschreibungen den gesuchten Begriff erraten.

c) Übungen zur Beschreibung von Bildern oder Cartoons

Bilder (Fotos, Zeichnungen oder Cartoons) zum Beschreiben findest du in jeder Tageszeitung, Zeitschrift oder im Internet. Unter *google pictures* kannst du z. B. Suchbegriffe eingeben und dein Computer stellt dir in Sekundenschnelle eine schier endlose Anzahl an Übungsvorlagen zur Verfügung.

Gute Bilder ...
- sind farbig,
- zeigen Menschen in ihrem Alltag und
- bieten viele Details zum Beschreiben an.

TIPP

Vergiss nicht, ...
- in ganzen Sätzen zu sprechen.
- deine Beschreibung zu strukturieren, d. h. mit der dargestellten Situation zu beginnen und danach mit den zentralen Personen/Gegenständen fortzufahren.
- Vermutungen (z. B. über Menschen und deren Gefühle und Stimmungen) anzustellen und zu begründen.
- unwesentliche Details wegzulassen, denn du hast nur etwa eine Minute Zeit.

B 2.3 Brandenburg: Prüfungsteil 3 – Über ein gegebenes Thema diskutieren

In diesem Prüfungsteil wirst du aufgefordert, mit deinen Partnern eine Diskussion zu einem vorgegebenen Alltagsthema zu führen. Dieses Thema schließt inhaltlich an die von euch beschriebenen Bilder im Prüfungsteil 2 an. Wenn du also im zweiten Prüfungsteil siehst, dass eure Bilder z.B. Menschen bei sportlichen Aktivitäten zeigen, kannst du davon ausgehen, dass ihr im dritten Prüfungsteil die Aufgabe erhalten werdet, ein Gespräch zum Thema Sport und Fitness zu führen.

Folgende Themen (*topics*) könnten dir in diesem Prüfungsteil begegnen:
- *The importance of sports and personal fitness*
- *Free time and weekend activities*
- *What makes the perfect holiday?*
- *Eating habits and a healthy diet*
- *Information technology in your life*
- *City life or country life?*
- *How to save the environment*
- *Summer or winter – what's your season?*
- *Important relationships in your life*
- *Fashion, appearance, style*
- *The impact of media*

Auch hier bietet es sich an, eine **Ideensammlung** zu verschiedenen Themen anzulegen: Was kannst du zu den einzelnen Themen sagen, welche Meinung vertrittst du zu Themen wie „gesunde Ernährung" oder „sinnvolle Freizeitgestaltung"?

TIPP

Lege zu den einzelnen Problemstellungen jeweils eine Karteikarte an, auf der du deine Meinung formulierst und gute Argumente notierst. Du wirst schnell merken, dass sich bestimmte Redewendungen häufig wiederholen. Diese Wiederholungen prägen sich natürlich schnell ein.

Es geht also darum, die eigene Meinung auszudrücken sowie Argumente zu entwickeln und zu begründen. Viele der dazu notwendigen Redemittel findest du bereits im Kapitel B 2.2 a) und b)
Die folgende **Übersicht** zeigt dir noch einmal, wie du deine eigene Meinung ausdrücken kannst.

a) Redemittel zur Meinungsäußerung

I think/feel/believe ... In my opinion ... As I see it ... In my view ...

It seems to me that ... My point of view is that ...

b) Argumentieren

Es reicht natürlich nicht, nur die eigene Meinung zu sagen. Du solltest dich immer bemühen, auch Gründe und Argumente aufzuzählen, die dich zu deiner Überzeugung veranlassen. Da es für viele Problemstellungen zwei Seiten (pro und kontra) gibt, bietet es sich an, eine zweispaltige Tabelle anzulegen, wie z. B. die folgende zum Thema „City or country life? What do you prefer?"

City life	Country life
– entertainment – short distances – shopping (facilities) – ...	– healthy lifestyle – close relationships – close to nature (lakes, ...) – ...

c) Fragen stellen

Du und deine Partner seid natürlich nicht nur aufgefordert, eure Meinung zu einer Problemstellung zu vertreten, sondern auch, euch gegenseitig zu befragen und so ins Gespräch zu kommen. Durch gute Fragen kannst du die Richtung dieses Gesprächs aktiv mitbestimmen. Es ist deshalb sinnvoll, sich im Vorfeld auch mögliche Fragen zu den einzelnen Themen zu überlegen und diese zu formulieren. Dabei lassen sich einige Fragestrukturen auf viele Themen übertragen, z. B.:

- *What's your favourite ...?*
- *What do you think about ...?*
- *Why don't (do) you like ...?*
- *What kind of .... do you (have/like/hate ...)?*
- *How often do you ...?*
- *Do you prefer ... or ...?*
- *Have you ever ...?*

Wenn ihr diese drei Aspekte a) bis c) auf eurer Ideensammlung schriftlich notiert, könnt ihr sprachlich gut vorbereitet in eine gemeinsame Übungsphase gehen. Hier bietet es sich an, Problemstellungen auf kleine Zettel zu schreiben, diese verdeckt auf den Tisch zu legen und nacheinander umzudrehen. Die daraus entstehenden Diskussionen werden zunächst noch kurz und holprig verlaufen, ihr übt dadurch aber die Gesprächsführung. Am Ende werden die Gespräche zu Routine und vermitteln Spaß an der Diskussion.

B 3 Speaking Test/Oral Exam: Beispiele zur Überprüfung der mündlichen Sprechfertigkeit

In diesem Teil findest du drei vollständige Prüfungsbeispiele, die dem Muster der mündlichen Prüfung in **Berlin** folgen. Sie verdeutlichen dir noch einmal den Ablauf der mündlichen Prüfung und geben dir und deinem Partner die Möglichkeit, die Prüfungssituation nachzugestalten und durch wiederholte Übung mehr Sicherheit zu gewinnen.
Wenn du die Prüfung in **Brandenburg** ablegst, schau dir die Seiten 102–109 noch einmal an. Dann kannst du sehen, wie die Prüfung dort abläuft.

B 3.1 Speaking Test 1

Part 1: Warming Up
Your teacher might say:

Good morning. Please come in and
take a seat for your oral exam.
I am going to ask you some questions and
give you some tasks. Ms/Mr X is here
to listen to us and take notes.

	CANDIDATE A	CANDIDATE B
	What is your name/surname? ... Can you spell that for me, please?	
		And what about you? ... Can you spell your name too, please?
		How did you get to school today?
	And what about you? (How did you get here?)	
Answer your teacher's (examiner's) questions.	What do you usually do at weekends?	And what about you?
		Are you interested in sports? Which?
	And what's your favourite sport?	
	How often do you train/watch/do this sport?	
		And you? How often do you do sports?
		What are your plans for this summer?
	And what about you? What are your plans for the summer?	
	Thank you very much. That is the end of part one.	

Part 2: Agreeing and Disagreeing

Your teacher (examiner):

I'm going to describe a situation to you: Your friend has moved into a new home. Now he/she has invited you to a flat-warming party. You would like to take him/her a present. Look at the ideas in the picture below and discuss them with your partner. Together you must decide on the best present for your friend.

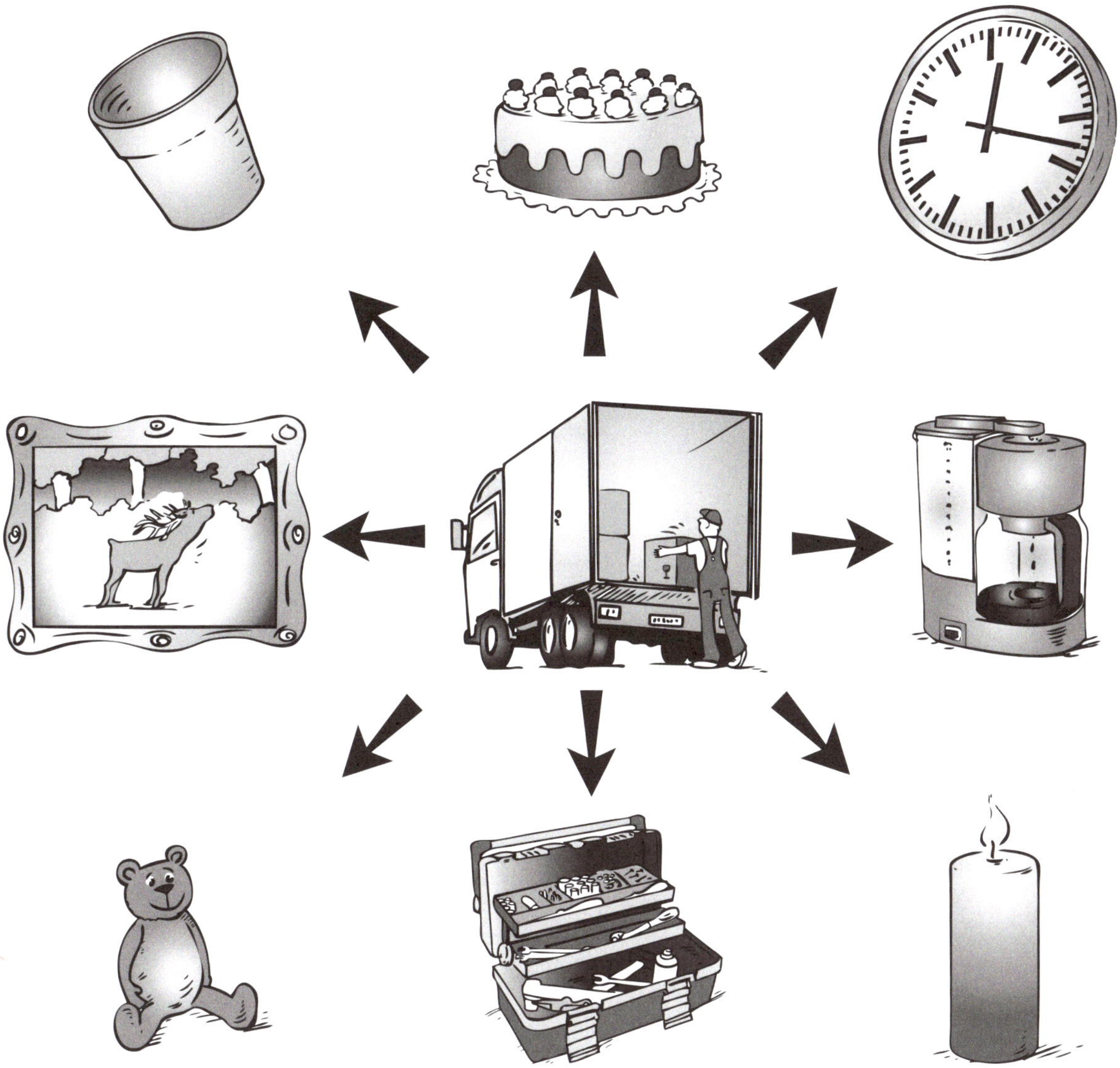

Part 3: Describing a Picture

Your teacher:

Now I'm going to give each of you a picture.

Picture for Candidate A:

Candidate A – this is your picture. Please show it to your partner (Candidate B) and talk about it (alone). Candidate B – you just listen to your partner.

Picture for Candidate B:

Here is your picture, Candidate B. Please, look at it, show it to your partner (Candidate A) and talk about it. Candidate A – you just listen to your partner now.

Part 4: Discussing a Topic

Your teacher (examiner):

> You both had photographs which showed people using a computer or a mobile phone. Now I'd like you to talk together about electronic media/gadgets today. How important are they to you? How often do you use computers, mobile phones or other gadgets? What for? What are the advantages or, maybe, dangers of modern electronic media?

B 3.2 Speaking Test 2

Part 1: Warming Up

Your teacher might say:

Good morning. Please come in and take a seat for your oral exam. I am going to ask you some questions and give you some tasks. Ms/Mr X is here to listen to us and take notes.

	CANDIDATE A	CANDIDATE B
Answer your teacher's (examiner's) questions.	Where do you live?	
		And you? Where do you live?
		When do you usually get up in the morning?
	And what about you? When do you normally get up?	
		Do you have any brothers or sisters? What are their names? (Can you spell your sister's/your brother's name?)
	Do you have any brothers or sisters? What are their names? Can you spell that, please?	
	What did you do last night?	
		And you? (What did you do?)
		Do you have a favourite TV programme? Which?
	And what about you?	
		What are your plans for next year?
	And what are yours?	
	Thank you very much. That is the end of part one.	

Part 2: Agreeing and Disagreeing

Your teacher (examiner):

I'm going to describe a situation to you: Summer is coming and you are feeling really tired and unfit. Too much sitting and exam stress. So you want to do more sports or something to get fit and into shape again. Look at the ideas in the picture below and discuss them with your partner. What is the best way to get fit again in your opinion?

Part 3: Describing a Picture

Your teacher:

Now I'm going to give each of you a picture.

Picture for Candidate A:

Candidate A – this is your picture. Please show it to your partner (Candidate B) and talk about it (alone).

Candidate B – you just listen to your partner.

Picture for Candidate B:

Here is your picture, Candidate B. Please, look at it, show it to your partner (Candidate A) and talk about it.

Candidate A – you just listen to your partner now.

Part 4: Discussing a Topic

Your teacher (examiner):

You both had photographs which showed people spending their free time in different ways. Now I'd like you to talk together about your free time activities. What do you like or hate doing? Who do you spend your free time with? What about weekends? How important is going out to you? Is money an important factor in your free time?

B 3.3 Speaking Test 3

Part 1: Warming Up

Your teacher might say:

Good morning. Please come in and
take a seat for your oral exam.
I am going to ask you some questions and
give you some tasks. Ms/Mr X is here
to listen to us and take notes.

	CANDIDATE A	CANDIDATE B
	What's your surname? Can you spell that, please?	
		And you? What's your surname? How do you spell that?
		How did you get to school today?
	And what about you? How did you get to school today?	
		What do you do in your free time?
Answer your teacher's (examiner's) questions.	And you? What do you do in your free time?	
	What did you do last weekend?	
		And you? (What did you do?)
		Do you have a pet? Which?
	And what about you?	
		What are your favourite subjects at school?
	And what are yours?	
	Thank you very much. That is the end of part one.	

Part 2: Agreeing and Disagreeing

Your teacher (examiner):

I'm going to describe a situation to you: You and some of your friends are going to go camping in Italy for two weeks in the summer holidays. In the picture you can see what types of activities you can do there. Talk about the activities saying what kinds of clothes or equipment you will have to take. Also, say which activities you would like to do.

Part 3: Describing a Picture

Your teacher:

Now I'm going to give each of you a picture.

Picture for Candidate A:

Candidate A – this is your picture. Please show it to your partner (Candidate B) and talk about it (alone).

Candidate B – you just listen to your partner.

Picture for Candidate B:

Here is your picture, Candidate B. Please, look at it, show it to your partner (Candidate A) and talk about it.

Candidate A – you just listen to your partner now.

Part 4: Discussing a Topic

Your teacher (examiner):

You both had photographs which showed people having their meals in different ways. Now I'd like you to talk together about your eating habits. What is your favourite food or meal? What makes a healthy meal? What about fast food? How important is eating out to you? How can teenagers improve their eating habits?

B 4 Redemittel und Wendungen zur Gesprächsführung: A survival bag of phrases for your oral exam

1) Expressing an opinion "I think that ..." I think/feel/believe ... In my opinion ... As I see it ... In my view ... It seems to me that ... My point of view is that ... I'm sure/convinced that ...	**2) Asking for an opinion** "I want to find out what my partner thinks." What do you think about ... (this)? What's your opinion about ... (this)? How do you feel about ... (this)? What do you think? Do you have any ideas? What about you?
3) If you didn't understand your partner "I don't understand what my partner said/means." Sorry, I didn't quite understand (get) that. Pardon? Could you say that again, please? Could you repeat that please? What exactly do you mean? Do you mean ...? Could you explain that again, please? Sorry, what was your question?	**4) Making suggestions** "I have an idea." What about ...? Let's ... I think ... would be a great idea because ... Shouldn't we ...? In my opinion we should ... Why don't we ...? I'd suggest we should ... The best thing would be to ...
5) Agreeing "My partner is right." Great idea. Brilliant. Let's do that. I (absolutely) agree with you. You're right. Of course. I think so too.	**6) Disagreeing** "I think my partner is wrong." Good idea, but ... Possible, but I'd prefer ... I think ... would be better. I'm not sure this is such a good idea. I can see your point but I think ... No, I can't agree with you. Sorry, but I have to disagree with you. I think you're wrong, because ...
7) Showing interest in what your partner is saying "That's interesting." Really? I didn't know that. I see ... That's interesting/fascinating/amazing. That sounds good/interesting.	**8) How to buy yourself time (to think) in a conversation** "I need more time to think of an answer." That's a good/difficult question ... I've never thought about this before ... I'm not sure ... Let me think for a second ... It depends .../Well ...

Quellenverzeichnis

Textquellen

50 Steffie Rüdiger: „Jobben auf dem Reiterhof“: https://www.farmarbeit.de/pferdejob-groemitz.html (verändert)
Initiative Auslandszeit: „Kinderbauernhof Marienhof“: http://www.marienhof-ribbeck.de/betreuersuche.htm (verändert)
67 "ACE TEE": inhaltliche Quellen: https://de.wikipedia.org/wiki/Ace_Tee; http://www.zeit.de/2017/38/ace-tee-rapperin-tee-time-h-m-kollektion
„Edin Hasanovic“: inhaltliche Quellen: https://de.wikipedia.org/wiki/Edin_Hasanovi%C4%87
https://www.gala.de/stars/starportraets/edin-hasanovic-20608800.html
https://www.zdf.de/nachrichten/heute/emmy-familie-braun-100.html
82 Lucy Kellaway: „I became a teacher at 57 – I am learning the hard way“, Adapted from: https://www.thetimes.co.uk/article/i-became-a-teacher-at-57-i-am-learning-the-hard-way-it-is-brutal-gl69n3lxc. © nowteach.org.uk; (Accessed 10.01.2018)
89 links: Justus Wilke, „Integration auf Augenhöhe“, Der Tagesspiegel, 13.2.2018; https://www.press reader.com/germany/der-tagesspiegel/20180213/281857234000066 (22.06.2018, adaptiert); rechts: https://www.waz.de/staedte/gladbeck/jugendliche-helfen-senioren-dafuer-gibt-s-ein- taschengeld-id215378719.html (16.11.2018, adaptiert)

Hörquellen

71 "Radio Ads:" Ad 1: Six-Pack: http://www.dnr.state.mn.us/news/psas/index.html (16.01.2013) ; Ad 2: https://foundation.wikimedia.org/wiki/Press_room/Audio_content; Ad 3: http://www.ncpc.org/topics/by-audience/law-enforcement/rapid-response/full-length-rapid-response-psas; Ad 4: www.worldvison.ca

Bildquellen

22 1. iStockphoto.com/Damir Khabirov; 2. A: iStockphoto.com/Deagreez; 3: iStockphoto.com/Ridofranz; 4: iStockphoto.com/stockfour; 5: iStockphoto/mattjeacock
28 iStockphoto.com/Bosko Markovic
31 1: iStockphoto.com/hadynyah; 2:stock.adobe.com/micromonkey
42 1. iStockphoto.com/AaronAmat; 2. A: iStockphoto.com/bob_bosewell; 3: iStockphoto.com/m-imagephotography; 4: iStockphoto/drovo; 5: iStockphoto.com/shironosov
47 Alamy Stock Photo/vdbrsl
48 Imago/Müller-Staffenberg
50 1: Picture-Alliance GmbH/Jens Büttner; 2: stock.adobe.com/Alena Yakusheva
58 1. iStockphoto.com/nilimage; 2. A: iStockphoto.com/Poike; 3: Thinkstock/Purestock; 4: Thinkstock/Siri Stafford; 5: Thinkstock/Brianna May
64 Getty Images/Moriarty, Dean
67 1: fotolia.com/Donets; 2: stock.adobe.com/ © alexlmx
69 1. A: Shutterstock/Pixel-Shot; B: Shutterstock/UfaBizPhoto; C: iStockphoto.com/CREATISTA; D: Picture-Alliance GmbH/Robert Harding World Imagery/Godong
2. A: iStockphoto.com/alexkatkov; B: fotolia.com/Kneschke, Robert; C: Picture-Alliance GmbH/Design Pics/LJM Photo; D: Alamy Stock Photo/Wavebreakmedia Ltd UC4
70 3. B: stock.adobe.com/Kim, Lisa; C: iStockphoto.com/kevinruss; D: stock.adobe.com/Monkey Business Images
72 oben: fotolia.com/Smileus; Mitte: Shutterstock.com/My Good Images; unten: Alamy Stock Photo/Abraham, Stuart
73 iStockphoto.com/Elenathewise
75 1: Shutterstock/Rido; 2: fotolia.com/Picturetime; 3: stock.adobe.com/ajr_images; 4: iStockphoto.com/© Tassii
76 1: Shutterstock/ Cookie Studio; 2: iStockphoto.com/artorn3: fotolia.com/© Andrey Khrobostov; 4: Shutterstock/arun sambhu mishra
77 1: stock.adobe.com/M.studio; 2: Shutterstock/Sudarshan negi; 3: stock.adobe.com/Cyril PAPOT; 4: stock.adobe.com/Giese, Alexandra
79 unten links: stock.adobe.com/monticellllo; unten rechts: fotolia.com/Föger, Reinhold
80 unten: iStockphoto.com/Picsfive
81 Alamy Stock Photo/Gilbert, Jeff
85 oben: Getty Images/mother image; unten: stock.adobe.com/Pixel-Shot
87 iStockphoto.com/TheMalni
89 links: iStockphoto.com/PeopleImages; rechts: stock.adobe.com/highwaystarz
112 1: Druwe & Polastri; 2: fotolia.com
115 1: fotolia.com; 2: alamy images/Juice Images
118 1: picture-alliance/dpa; 2: fotolia.com/© Monkey Business

Illustrationen: Hans-Jürgen Feldhaus, Münster; Kumpe, Bettina, Braunschweig (S. 70)